문학과지성 시인선 278

사춘기

김행숙 시집

문학과지성사에서 펴낸 김행숙의 시집

이별의 능력(2007)
에코의 초상(2014)
무슨 심부름을 가는 길이니(2020)

문학과지성 시인선 278
사춘기

초판 1쇄 발행 2003년 10월 14일
초판 17쇄 발행 2025년 10월 28일

지 은 이 김행숙
펴 낸 이 이광호
펴 낸 곳 ㈜**문학과지성사**
등록번호 제1993-000098호
주　　소 04034 서울 마포구 잔다리로7길 18(서교동 377-20)
전　　화 02)338-7224
팩　　스 02)323-4180(편집) 02)338-7221(영업)
전자우편 moonji@moonji.com
홈페이지 www.moonji.com

ⓒ 김행숙, 2003. Printed in Seoul, Korea

ISBN 89-320-1456-6 02810

이 책의 판권은 지은이와 ㈜**문학과지성사**에 있습니다.
양측의 서면 동의 없는 무단 전재 및 복제를 금합니다.

문학과지성 시인선 278
사춘기
김행숙

2003

시인의 말

애들아, 뭐 하니?
나는 두 눈을 바깥에 줘버렸단다.
애들아, 애들아, 어딨니? 같이 놀자.

2003년 10월
김행숙

사춘기

차례

▨ 시인의 말

제1부
조각공원 / 11
삼십세 / 12
성스러운 피 / 14
기억은 몰래 쌓인다 / 16
오전 5시를 보다 / 18
울지 않는 아이 / 19
우는 아이 / 20
출몰하는 길 / 21
귀신 이야기 1 / 22
귀신 이야기 2 / 24
기우는 사람 / 25
지하 1F에 대해서 / 26
사소한 기록 / 28
新桃林 / 30
이상한 동쪽 / 32
두 개의 전선 / 34
에코 / 35

제2부

사라진 계단 / 39

초콜릿 분쇄기 / 40

8요일 / 42

여자들의 품 / 43

8월의 사랑 / 44

점은 무럭무럭 자라네 / 46

내 입 속에 떡갈나무 / 47

즐거운 식사 / 48

당신의 악몽 1 / 50

당신의 악몽 2 / 51

귀를 의심하다 / 53

거짓말을 위해서 / 55

가위 지나가다, / 56

문은 안에서 잠근다 / 57

三日間 / 59

눈꺼풀 속에 눈꺼풀이 감길 때 / 61

귀신 이야기 3 / 63

귀신 이야기 4 / 65

귀신 이야기 5 / 67

귀신 이야기 6 / 68

제3부

미완성 교향악 / 73

하이네 보석가게에서 / 75

위치 / 77
오늘밤에도 / 78
사춘기 1 / 79
입맞춤 —사춘기 2 / 80
칼 —사춘기 3 / 81
바람과 함께 사라지다 —사춘기 4 / 82
소녀들 —사춘기 5 / 83
친구들 —사춘기 6 / 84
가시 / 86
불을 달고 날아가다, / 88
으르렁거리다 / 89
타일 / 91
그가 홀연, 두꺼워졌다 / 92
너무 고요한 / 94
이상한 슬픔 / 95
번개에 대해 / 97

제4부
대청소의 날들 / 101
천국의 아이들 1 / 103
천국의 아이들 2 / 104
소프라노 / 105
홀림 / 107
달무리 / 108
窓 / 109

정석가 / 110
뿔 / 112
그림자를 감추다 / 114
전화 받는 여자 / 115
코스모스 양품점 / 116
관리 사무소 / 118
귀신 이야기 7 / 119
귀신 이야기 8 / 121
해시계 / 122
폭풍 속으로 / 123

▨해설 · 아이들, 여자들, 귀신들 · 이장욱 / 124

제1부

조각공원

비둘기 한 마리가 발가락 사이에 부리를 넣었다 뺐다 넣었다를 시계추같이 반복한다. 그의 발가락 옆에서 「무제 Ⅱ」라는 그의 이름을 보았다. 끄덕끄덕 시간이 흘러가고 있었다.

잔디를 손바닥으로 쓸면서 한 여자가 그의 곁에 앉아 있었다. 그녀의 손바닥이 느리게 움직일 때마다 풀들은 순순히 몸의 방향을 바꿨다. 그녀가 하는 생각을 알 수 없었다.

삼십세

 네겐 햇빛이 필요하단다. 여자는 나를 유모차에 태우고 공원을 산책했다. 햇빛은 어디 있지요? 난 뭔가 만지고 놀 게 필요해요. 나는 여자를 올려다보았다. 여자도 어딘가를 올려다보았다.

 나는 엄마, 라고 말했다.
 애야, 너는 잠시 옛날 생각을 하고 있을 뿐이란다. 그리고 세상은 많이 변했단다. 여자가 유모차를 밀던 손을 놓았다.
 구른 건 바퀴뿐이었을까? ……내 차가 들이받은 나무는 허리를 꺾었다. 나뭇잎 나뭇잎이 자지러지게 웃는 소리를 나는 들은 것 같다. 아아아, 내가 처박힌 여기는 어딜까?
 당신, 왜 그래? 헝클어진 당신이 묻는다. 나는 핸들에 머리를 박고 있다. 내가 어디로 가고 있었나요? 멈출 수가 없었어요. 나는 천천히 당신을 올려다본다.
 당신도 어딘가를 올려다본다. 답을 구하는 태도는 누구나 유아적이군요. 그런데, 구른 건 정말 바퀴뿐이었을까요?
 나는 엄마, 생각을 했다. 나는 방향을 틀기 위해 잠시 후진을 해야 한다. 천천히 핸들에 손을 얹고 뒤를 돌아다보았다.

성스러운 피

　―저 정도 양이라면 죽은 사람 세 명은 살리겠어.
　―당신은 항상 양만 따지는군. 코피로서 대단하긴 하지만 성스러운 미신이 사라진 시대에 저건 쓸모없는 피야.

　코피를 흘리는 코끼리* 속에는
　펌프질을 하는 아기 코끼리가 있다. 세상에선 어떤 노동을 통해 죽음에 다다르나요? 엄마, 나는 나의 천국에서 일하다 죽겠어요.

　코끼리의 귀가 펄럭거렸다. 거대한 몸이 헐렁헐렁해진다.
　엄마, 우린 청소를 하는 거예요. 엄마의 코는 훌륭한 호스예요. 좀더 힘을 내서 뿌리세요.

　코끼리의 피가 원형 경기장을 만든다. 피가 불러 모은 관중들.
　우리의 死鬪는 같은 방향이니 평화로워요. 그런데 엄마, 저들의 오르가슴이 무서워요.

코끼리의 가죽은 축, 축, 걸쳐져 있다. 코끼리의 외관을 받치고 있는 뼈대는 늠름하다.

엄마, 여기는 비었어요. 약간 춥고 배는 고프지만 노동은 즐거웠어요. 엄마, 여기는 여전히 나의 천국이에요.

* 알렉산더 조도로프스키의 영화 「성스러운 피 Santa Sangre」

기억은 몰래 쌓인다

　매일 밤 나는 눈을 감지. 그리고 오랫동안 눈을 뜨지 않았네. 어떤 소리가 새어 나갈지 알 수 없었네. 나는 놀러 다녔어. 나는 취미도 개성도 없지.

　매일 밤 나는 눈을 감으면서 세상이 감기는 걸 느끼지. 이렇게 간단히 세상이 바뀌는걸 뭐, 하고 중얼거리네. 가로수들이 엎어지고, 길은 혀처럼 도르르 말렸어.

　육중한 동물들이 희귀한 교미 장면을 보여주곤 했어도 에로틱해지지 않았네. 뿌옇게 흙먼지만 일었지. 나는 다른 종에게 취미를 느낀 적이 없어. 눈을 감았다고 해서 아무렇게나 느끼는 건 아니야.

　애들이 조용히 눈싸움을 했네. 눈은 포장일 뿐이고, 언제나 싸움은 돌멩이를 감추고 있는 법이지. 볼때기가 뻘겋게 부어 터질 듯했어. 새들이 흰 눈밭에 콕, 콕, 콕, 부리를 찍었지만

　내리는 눈은 금세 구멍을 메우네. 세상은 여전히 덮여 있고, 점점 깊어지지. 매일 밤 나는 눈을 감으면서 세상

이 덮이는 걸 느끼지. 그렇게 감춰지고,

 나는 오래간만에 눈을 뜨니까 매일 어리둥절해. 그리고 눈곱처럼 떼어놓아야 할 게 있다고 느끼지.

오전 5시를 보다

  오전 5시의 거리는 놀랍네 오전 5시의 빛은 푸르네
  오전 5시에 나는 자전거를 타는 사람이 아니네
  오전 5시의 거리를 나는 입김을 섞으며 다니는 사람이 아니네
  오전 5시의 거리는 놀랍네 뛰어가던 남자가 종이 뭉치를 떨어뜨리고
  밟고 간 사람은 없었네 흩어진 종이를 줍던 남자의 동작이 느려지네 아무도 쫓아오지 않았네
  오전 5시에 남자가 우네 오전 5시의 빛은 푸르네
  오전 5시에 거리의 가로등은 아직 꺼지지 않았네 오전 5시에 나는 신문을 보는 사람이 아니네
  오전 5시에 나는 베란다에서 잠옷을 펄럭거리는 사람이 아니네
  오전 5시의 거리에서 남자는 쭈그리고 앉아 우는 사람이 아니네 오전 5시의 거리는 놀랍네
  오전 5시의 빛은 푸르네 오전 5시의 거리에 남자가 남긴 몇 장의 종이 중에서 아직 구겨진 것은 없네

울지 않는 아이

 아주 조용하죠. 내 머릿속에서 훌쩍임들이 멎고 흘러 나오던 콧물도 얼었어요.
 꺽, 하는 뭔가 한꺼번에 넘어가는 소리가
 고요를 분할했지요. 다음에 온 고요는 쌔근거렸어요.
여진일까요?
 정말 아이들은 잠에 빠져버렸나 봐요. 내 머릿속은 보육원이죠. 아이들의 악몽을 덮을 이불을 준비해야겠어요.
 아이들의 악몽은 모퉁이에서 불쑥 튀어나오는 자동차 같아서 피하기가 어려워요. 자동차가 통과해 갔는데 내가 어떻게 콩나물을 사고 두부를 사겠어요?
 더 이상 울지 않는 아이는 위험해요. 아주 조용하지만
 조용히 내린 눈이 마을을 고립시키죠. 그리고 아무도 그 마을에 대해 들어본 적이 없다면,

우는 아이

 우는 애들을 달랠 순 없어요. 난 머릿속이 출렁거릴 때까지 울죠. 애들이 날 달래지 않으면 애들이 …… 애들이 …… 익사할지도 몰라요.

 애들은 정말 겁도 없어요. 물속에서 노래를 해요. 엄마 …… 엄마 …… 엄마 …… 저 뻐끔거리는 입들을 좀 보세요.

 표면으로 올라온 물방울들이 잇달아 터지고 있어요. 공기가 가시처럼 찌르나 봐요. 애들이 너무 오래 물속에서 놀고 있어요.

출몰하는 길

나는 여러 곳에서 같은 길을 걸었다. 이 길은 잠시 주차해놓은 자동차 같은 것일지도 모른다. 나는 여러 곳에서 같은 남자와 마주쳤다.

나는 이 길을 쫓아왔다. 나는 몇 번이나 같은 남자에게 인사할 뻔했다. 그때마다 노란 가래가 튀어나올 것 같았다. 몇 번이나 뒤를 돌아다보았다.

그때마다 이 길은 자동차처럼 연기를 날리며 사라지고 있었다. 딸려간 가로수가 떨어뜨린 나뭇잎들은 벌써 뭉개지고 있었다. 사람이 아주 많은 도시였다.

이 길이 사라지면 도시는 처음 와본 도시였다. 친척이 없는 도시였기 때문에 나는 여관에서 잠을 잤다. 길을 잃은 느낌이 없다는 게 이상했다. 걸어다니고 싶지 않았다.

길에서 凍死하는 사람들의 기분에 대해 생각했다. 이 길이 또 자동차처럼 신경질적으로 경적을 울렸다. 나는 이 소리를 너무 자주 듣는다.

귀신 이야기 1

하루에 두 번, 五臟六腑를 운행하는 협궤 열차가 있다고 말해준 건 상고머리의 여자 귀신이다. 귀신도 사기를 치는가? 그녀와 나는 사이좋게 지내지만 그녀가 말하길,

너는 십 년 만에 비춰보는 내 거울이야. 난 그때 네가 꼭 죽을 줄만 알았는데, 그래서 유감없이 탈출했는데, 같이 죽기에는 피차 지겨웠으니깐, 이해해?

이해할 수 있겠는가? 어떤 기억이 이런 식으로 복구된다니! 그녀에게 철썩, 붙어서 도망친 파도들이 막 밀려올 때, 괜찮다고 괜찮다고 나는 누구를 향해서 웅얼대는 것일까?

기차가…… 기차가…… 기차가…… 푸른 새벽에 기차가……

어쩌면 정말 괜찮은 것인지도 모른다. 나는 그녀와 사이가 좋지 않은가? 십 년 사이에 나는 아무것이나 용서하는 법을 배웠는지도 모르겠다. 그녀가 말하길,

너는 십 년 만에 비춰보는 내 거울인데, 거울아, 거울아, 앞만 보면 세상은 화려강산이니? 거울집은 칠흑인

데, 나의 外道가 너를 살렸니? 문득, 뒤돌아서서 뭔가 보아야 할 게 있다고

  아, 길을 놓쳤다고 느낄 때, 너는 뭐 했니? 하루에 두 번, 五臟六腑를 통과하는 협궤 열차를 놓치고 너는 엑스레이만 찍었니? 그냥 싸르르 지나가는 복통이었니? 나는 정말 없었니?

귀신 이야기 2

 우히히, 정말 장난이 아니었어. 사람들은 귀신 들린다고들 하지만 사람에게 먹힌 귀신에 대해 들어봤니? 히히히, 그래서 늙은 귀신들은 사람을 피해서 다녔지만 내가 세상에 귀신으로 남은 이유는 순전히 사람을 피해서 우회할 필요가 없었기 때문이지. 재밌어, 어떤 나무나 어떤 오토바이 어떤 전봇대 ……에 비길 수 없이 사람을 그냥 통과할 때, 단숨에 어떤 一生이 한 줄로 정리될 때, 정말 神이 된 기분이야. 얼레리꼴레리

 나는 내 멋대로 흘러다니지만 때때로 이상하게 빨리 흐르는 피를 가로지를 때, 우우우 휩쓸리고 싶어지기도 해. 정말 장난이 아니지. 늙은이는 교활하거나 분별력이 뛰어나서 우리는 애송이일 뿐이지만 세상에 같은 살덩어리는 없어. 내가 누빈 살덩어리 사이에서라면 나는 훌륭한 거간꾼이 될 수 있지. 누구도 속일 수 없는 게 있으니, 피의 흐름 피의 향기…… 히히히, 난 네가 누군지 알고 있어.

기우는 사람

 그는 천천히 기울어지고 있다. 그리고 나는 그의 무의식을 의심한다.

 그는 내 계산대로라면 세계에서 두번째로 노오란 은행나무에 50초 후면 머리가 닿아야 한다. 그러나 나는 그의 무의식을 의심한다.

 여기는 바람이 불 때마다 흙먼지가 곱게 일어나서 꺼풀을 조금씩 뜯어가는 운동장. 흙먼지 속에서 한 아이가 달리고 공이 붕, 공중으로 떠오른다.

 나는 그의 무의식을 의심한다. 그러니까, 그는 어디를 경과하는 중일까?

지하 1F에 대해서

 여기서는 네 개의 층을 볼 수 있다. 옥상은 쏟아질 듯한 산을 밀어내고 있다. 대성고등학교 건물 일층과 지층은 한남연립 마동이 가리고 있다.
 지하에 대해서라면 한남연립 마동 베란다에서 욕망할 문제가 아니다. 나는 당신의 지하를 구경할 수 있는 베란다를 욕망한 때가 있었다. 거기서도 널어놓은 팬티는 잘 마르는가?

 당신은 방학 중인가? 대성고등학교 남자애들은 방학 중이다. 빈 교실에 왜 커튼은 마스크처럼 입을 막는가? 당신은 정말 방학 중인가? 혹시?
 마스크 뒤에서 사내애가 자위를 하고 있다. 나는 세상에 꼴리는 게 많아. 이유 따위는 없어. 입을 조금 열었지만 그는 불특정한 남자 고등학생일 뿐이었다. 커튼이 약간 구겨졌다가 괜찮아, 하면서 팽팽해졌다.

 학교 옥상은 죽지 않고 병신이 될까 봐 무서운 곳이었다. 당신은 어디 있는가? 나는 갈 데까지 갔어도 당신의 지하를 구경할 수 있는 베란다는 욕망의 영역이다.

나는 저녁에 화분을 사러 나갈 것이다. 나는 베란다의 여자답게 꽂힐 것이다. 물 주러 오는 남자는 병신이다.

사소한 기록

 발이 푹, 하고 빠지는 것이었다. 이건 실수라고 할 수도 없어, 나는 보이는 것만 믿으려고 애쓰는 사람인데, 이를테면 사거리라고 불리는 오거리. 실금같이 깨진 샛길에 대해서 세심했을 뿐.

 나는 거리를 멋대로 산책했지만 함부로 기억하지 않는다. 단지 몇 사람의 안면만을 익혔을 따름이다. 이를테면 죽은 생선의 푸른 등을 내리치는 칼 든 사내와 사내의 냄새……

 생선은 목을 치지 않고 토막을 친다고 사내가 낮게 우물거렸다. 생선은 참, 목이 없군요, 여자가 웃으며 말했다. 생선은 개보다는 장작에 가깝죠, 사내가 약간 우쭐거렸을 것이다. 그때 어쩌면 리얼리즘과 그로테스크의 관계를 생각하고 진화론과 목의 관계를 생각했을지도 모른다.

 기억하는 힘을 줄이기 위한 나의 노력은 미덕에 속한다. 나 역시 먹구름같이 모였다가 파래지거나 노래진다고 할 수도 있다, 있다니! 나는 보이는 것에 대해서만 믿음을 보이는 사람인데, 나는 여기 서늘해지는 목덜미.

많은 전선이 지하에 매설되거나 형태를 빌리지 않는 형태로 대치되었다. 발이 푹, 하고 꺼진 이후에 나를 총총히 관통해 사람들이 지하로 흘러갔다. 우리는 아무도 흔들리지 않았으므로, 나는 분명히 장애물이 아니다.

新桃林

 늙은 사내 머리를 흔들며 존다. 늙은이의 머리가 가볍다는 것은 이상한 일이 아니다. 낮술 먹은 청년이 상대 없이 삿대질을 한다. 분을 푸는 청년과 묵묵부답 耳順의 귀.
 오류, 개봉, 구로, 신도림…… 문은 개폐를 반복했지만 문의 개폐는 역을 전제로 하는 것이다. 신도림역 혹은,

 재수생 시절 서소문 공원에서 삼립식빵을 뜯다가 뺨을 얻어맞은 일이 있었다. 벤치에 길게 누워 자던 남자는 홀린 듯이 일어나서 나를 때렸다. 더러운 사내는 조금 비틀거렸지만 유감없이 구겨진 신문을 적선하고 사라졌다. 이유 모르게 나는 자꾸 불량스러워지고 싶었다.
 카세트를 어깨에 맨 맹인이 천천히 지나간다. 오류, 개봉…… 점입가경.

 검은뻐꾸기 운다. 신라음반 자연의 소리는 사계의 경계가 없다. 쟁이갈매기와 휘파람새 나란히 날아간다. 동전을 몇 닢 그의 모자에 떨어뜨린 임부는 가볍게 웃으며 슬머시 배를 쓸어본다. 툭툭 발로 찬다고?
 맹인의 지팡이가 발등을 때렸다. 나는 그에게 들킨 기

분이었지만 여운 없이 날아간 검은 뻐꾸기. 오류, 개봉, 구로, 신도림……

이상한 동쪽

 잠시 휘청했는데 구부러진 노파가 튕겨져 나왔다. 그녀를 놓쳤지만 나는 어딘가로 튕겨져 나가다가 와락 되돌아와 안기듯이 파고들었다. 나는 뒤로 자빠지며 껴안았다.
 노파의 구부러진 등이 끄덕끄덕 運動하는 게 보였다. 노파가 떼어놓은 距離를 좁히고 싶지 않았다.

 길을 끌면서 그녀는 가고 있었기 때문에 距離는 나와 무관하게 유지되었다. 길은 그녀처럼 지저분했다. 나는 오 분 전 같은
 오십 년 전에 노파의 치마를 밟고 서 있는가? 이상하게 힘이 센 노파가 조금 무서웠다. 노파의 구부러진 각도대로 시선을 눕히면 天地는 심하게 일그러진 채 굳게 닫혀 있었다. 그녀의 등 너머 지평선으로 해가 뜬다는 사실이 믿어지지 않았다.

 치마가 벗겨지듯 훌렁거리며 몇 마리의 철새가 날고 있었다. 나는 오 분간 오락가락했으니 길을 끌고 가는 그녀와 길 위에 나는 오 분 間隔이다. 늘어질 대로 늘어져서

間隔은 일정했지만 팽팽했다. 나는 노파를 욕하면서 힘 빼지 않았다. 몇 마리의 철새 따위가 天地를 찢고 있었다. 마침내 따귀를 때리듯이 노파의 치마가 달겨들었다. 보이는 것이 없었기 때문에 더 이상 노파를 볼 수 없었다.

두 개의 전선

　나는 거의 도달한다 이젠 무엇에 대한 의식을 끄고 싶다 停電.
　스위치를 누를 때마다 일정한 밝기로 감동하고 싶지 않다 약속한 장소에 가고 싶지 않다 停電.
　아주 늦게 가서 그가 남긴 분통에 미지근한 물 부어주고 싶다 이해해.
　이젠 잠시 停電하고 싶다 그런데 잠이 안 오네.
　스위치스위치스위치스위치스위치…… 나는 거의 도달한다.
　반복이 잠을 불러올 것을 경험으로 안다 나는 충분히 지루하다 停電.

　너무 많은 빛이 쏟아져 들어온다.
　나는 구겨진 은박지 같다 나는 뒤척인다.

에코

 이 공장에서 흘러나간 구름이 당신의 검은 머리를 끈질기게 벗겨낸다. 구름은 쉬지 않는다. 한 줌의 머리카락이 매일 저녁 푸른빛이 되어 어디론가 흩어졌다.

 콘크리트 지붕에서 솟구친 기둥이 구름의 발생지다. 나는 아무것도 여과하지 않았다. 나는 부분적으로 800°C다. 나의 현실은 썩지 않는다. 비닐은 과자의 옷이며 오늘 입은 당신의 옷이다. 어느 새벽에 개죽음들은 검은 비닐봉지로 완성된다.

 나는 맑은 물을 믿지 않는다. 드디어 물고기가 돌아왔다고 낚싯대를 드리울 때 나는 사라진 것들을 믿는다.

 강력한 비가 내리고 기계의 나르시시즘이 공장을 돌린다. 비 맞은 나무들은 강해진다. 곱게 자란 아이들이 나뭇가지를 분지르지 않고 나무에서 떨어지는 원숭이는 없었다. 기계의 나르시시즘 속으로 사라진 아이들은 놀라운 속도로 순수해졌다.

 대머리의 두 사나이가 박치기를 한다. 무용한 짓이므

로 나는 감정적으로 고양된다. 대머리는 단단하다. 이 공장에서 당신은 전체적으로 노동이며 전체적으로 유희다. 이 공장에서 흘러나간 참치와 꽁치와 소녀들의 손가락은 분홍색이다. 아름다움은 아름다움을 배신하며 피는 피를 부르지 않고 나는 당신을 부르지 않는다. 나는 당신과 교체될 수 있을 뿐이다. 그러므로 나는 주장하지 않는다. 전기를 감정에 비유해서는 안 된다.

나는 사라지면서 비명 따위를 지르지 않는다.

제2부

사라진 계단

나는 뱀을 빌려 고백하겠다. 나는 뱀의 성질이 아니라 뱀의 모양을 빌릴 수 있다.

뱀이 당신을 감아 오르고 있다. 느낌이 좋다. 뱀에 대해 말한다면 당신은 계단이다.

모양은 뱀이 계단이지만 뱀을 밟고 올라갈 생각을 할 사람은 없다. 도중에 스르르 사라지는 계단이므로

나는 잠시, 뱀을 빌렸다. 그리고 오후 세 시 이후부터 걸어 다녔다.

초콜릿 분쇄기

나는 늘 회전이 필요하다는 점을 인생을 통해서 알았다. 기계는 원을 그리며 회전하면서 놀랍게도 초콜릿을 생산해낸다.
─뒤샹

당신의 자장가야
고운 가루약이야
당신을 재우지

천천히 시작되지
부드러운 초콜릿같이
썩은 이빨을 보이지
깨물 수 있다는 게 놀랍지
엄마
언니
그런 여자들

초콜릿과 밤하늘은 분간이 안 되고
비명 소리는 분쇄되지
기계는 말없이

생산해내지
엄마
언니
그런 여자들의 자장가를 들으며 잠들고 싶어
당신은 어른이 됐지

천천히 시작되었지
알루미늄 원반 위에서

8요일

 휴일은 과격하고 우울하고 아름답네. 휴일은 걸어 다녔네. 휴일은 모르는 사람을 따라가네.

 주유소 소녀는 찡그리고 있네. 휴일은 키스를 해주러 오는 남자가 있어요. 하루는 너무 길고

 휴일은 더 기네. 잠들지, 잠들지, 말아요. 파도 소리에 귀 기울이지 말아요. 휴일은 종종 전쟁을 위해 쓰였다네. 군인들의 지껄임처럼

 휴일은 가죽과 망토뿐이네. 휴일이여, 나를 빌려가세요. 언제나 당신을 위해 숨을 쉬겠어요.

 휴일은 바느질을 하네. 휴일은 구름과 조금 떨어진 구름. 휴일은 내가 늙을 때까지 걸어 다녔네. 내가 쓰러졌을 때까지 가죽은 질기고

 휘파람 소리는 모르는 사람의 것이었네. 주유소 소녀는 영원히 찡그리고 있네.

여자들의 품

　영원히 여자들 품에 안긴 여자애이기를 원했어요. 나는 그녀들의 얘기를 귀에 꽂고 다녔어요. 내 입에서 그녀들이 흘러나와

　깜짝, 놀라기도 했어요. 그녀의 테이프가 늘어져서 우린 조금씩 어지러워지거나 천천히 섞였지만

　이미 우리는 다 외워버렸는걸요. 어쩌면 더 많은 얘기를 할 수 있을지도 모르죠. 녹색의 시냇물이 삼부아파트 101棟 102棟 103棟…… 새를 흐르고

　우린 영원히 발을 담그고,

8월의 사랑

 나는 늘 한애라고 생각했어요. 내 사랑하는 쌍둥이들아, 흩어지면…… 흩어지면 함께 죽는 거야. 똑같은 옷을 입히고 똑같이 말하게 연습시켰어요. 내 사랑하는 쌍둥이들아,

 나는 매일매일 아이들을 낳지. 혼자 있고 싶은 때도 있었어요. 우린 똑같이 우울해요. 내 사랑하는 쌍둥이들아, 나는 때때로 위로가 필요하지 않단다. 8월에는 산으로 바다로 바캉스라도 떠나렴. 우린 너무 뜨거운 사랑이니

 몇 명의 아이들이 물놀이를 하다가 빠져 죽었어요. 연애에 빠진 아이도 있었죠. 나는 혼자 있고 싶지 않은 때가 더 많았어요. 나는 늘 한애라고 생각했거든요. 내 사랑하는 쌍둥이들아, 나는 똑같은 옷을 입고

 푸른 계곡을 삑삑거리는 호루라기 소리를 나는 민박집에 드러누워 듣고, 나는 으슥한 공원에서 남자애와 입을 맞추고, 나는 고독하게 보초를 서지. 울면서, 흩어지면…… 흩어지면…… 하고 중얼거리지. 8월에만

우린 잠깐 죽었다 깨어났어요.

점은 무럭무럭 자라네

 불안해요. 점이 자라고 있어요. 아주 통통해졌다구요. 내 얼굴을 만져봐요. 아, 아, 거기예요. 혹시 작은 벌레 같진 않나요? 당신이 만질 때 분명 꿈틀했어요.

 내가 씰룩거린 게 아니에요. 어쩌면 터져버릴지도 몰라요. 임신한 벌레 같아요. 곧 식구가 늘겠죠. 집이 고무처럼 늘어난다는 건 폭발에 대한 징조가 아닌가요?

 당신은 쉬어야 해, 또 그렇게 말하는군요. 내가 임신한 게 아니라구요. 언젠가 내 얼굴 위에서 문드러진 벌레가 줄줄이 쏟아진다면, 닦아줄래요? 그땐 알겠지만, 그건 검은 눈물이 아니에요.

내 입 속에 떡갈나무

 처음에 이빨과 이빨이 마주치는 것으로 시작했습니다. 턱이 덜덜거렸죠. 그래서 앙 앙, 다물었어요. 이제 정말 틈은 없을까요?
 습하고 지독하게 더운 날이었어요. 내가 좋아한 떡갈나무는 지금까지 그렇게 많은 잎사귀를 내놓은 적이 없었는데,
 그랬습니다. 물의 양과 햇빛의 양이 너무 많은 날들이었습니다.
 지금까지 알 수 없습니다. 처음에 이빨과 이빨이 마주칠 때, 열이 펄펄 끓고 있었을까요? 그때 몸을 짚어준 사람은 정말 없었을까요?
 앙, 다물면 틈은 영영 사라질까요? 나는 지금 지나치게 힘을 쓰고 있습니다. 내 이빨과 이빨 사이는
 무섭습니다. 무섭지? 무섭지? 이빨을 드러내고 싶은데,
 이빨과 이빨 사이에 혀를 끼운다면 피를 볼 수 있겠지요. 내 혀는 지금 이빨과 이빨 사이에 틈을 찾고 있습니다.
 혀는 이렇게 부드러운데, 나는 정말 열릴 수 있을까요? 이빨과 이빨이 틈 없이 서로를 긁을 때 아 아,
 그건 분명히 지진 같은 것이었습니다. 나는 늠름한 내 떡갈나무가 들썩이는 것을 보고 말았습니다.

즐거운 식사

 벌레 씹는 기분이 아니라 정말 벌레를 씹고 있었어요. 내 입은 잔인한 자연입니다.

 내게서 풀 냄새를 맡은 적이 있다구요? 히히, 웃을 때 내 이빨이 초록빛으로 반들거리던 걸 기억하시나요?

 히히, 내가 욕을 하는 걸 들어보셨나요? 당신은 발 빼려고 버둥대며 간지럼을 태우는군요.

 당신이 나를 웃기는군요. 당신은 끊어질 듯 끊어질 듯 합니다.

 질긴 것들은 당신 말고도 많아요. 가령, 나는 아주 질긴 여자입니다. 내 신음 소리를 들어보셨나요?

 내가 씹힐 때 천지는 사방 꽉 다문 입술입니다. 두꺼운 입술을 말아 올리려고 힘을 쓴 적이 있어요. 그러다 손이 낀 거죠.

 나는 끊어질 듯 끊어질 듯 했지만요, 천지 밖으로 삐져나간 손가락들은 무얼 건드리고 있었을까요? 거기에도 뭔가 잡을 게 있었을까요?

 나는 자연으로부터 배웠습니다. 내게서 풀 냄새를 맡은 적이 있다구요? 나는 마구 자랐습니다.

 더러운 개같이 신발 한 짝을 물고 어슬렁거렸습니다.

운이 좋으면 천지의 목구멍 속으로 홀딱 넘어갈지도 모르죠. 이렇게 찬란한 노을에 싸여

당신의 악몽 1

 여긴 전에 와본 적이 있다. 나의 *浮上*을 두려워하는 자의 숨소리를 듣는다. 여긴 햇빛이 따갑군요.

 그리고 당신의 머리는 *浮沈*을 반복하는군요. 당신의 음성이 곧 당신을 놀래킬 것입니다.

 당신은 이미 딴 사람 같습니다. 당신의 목젖에 걸린 피라미가 반짝, 몸을 뒤채는군요.

 나는 거대한 여자다. 인간적인 차원의 부피가 아니다. 나는 거의 물이다. 내게 기댄다면 나는 잠시 튜브다.

 당신의 벌어진 입으로 따뜻한 물이 흘러드는군요. 은빛 호수 가운데 나는 떠오른 여자다. 그러므로 여긴 전에 와본 적이 있다.

당신의 악몽 2

아침마다 틀니를 끼우고 저녁마다 해가 지지 않는 동쪽 호숫가에서 틀니를 씻지.

이빨 없이 잠드네. 잠옷을 입을 때 내 입술은 쪼글쪼글하지.

주름 속에 접힌 것들이 펄렁한 잠옷을 부풀게 해. 풍만하지만 당신을 안으면 쉽게 꺼지네. 노파처럼

목소리도 잘게 구겨지지. 당신을 주름 속에 가둬야겠어. 자동차도 넣어줄게. 차는 한 대뿐이니까 맘껏 밟아도 좋지. 기분이 좋지.

소리를 지르라구. 끝은 없었네. 당신 어깨를 적시는 강변의 가로등을 따라 어쩔 수 없이 당신은 몇 번이나 돌아오겠지. 핸들에 머리를 쿵쿵 찍겠지.

당신을 안으면 똑같은 꿈을 세 번 네 번…… 꾸네. 당신은 왜 다른 길로 빠지지 않는 거야? 나는 그때마다 당신에게 파고들었네.

세 번 네 번…… 이빨 없이 잠들지. 노파처럼

찌그러진 해가 뜰 때, 당신 이마로 잇몸 같은 붉은 구름이 흘러드네. 해가 진 적 없는 동쪽 호숫가에서

나는 저녁마다 틀니를 빠뜨리고 아침마다 물풀이 엉겨 붙은 틀니를 건지지. 가죽 부츠를 신고 핸드백을 흔

들며 젊은 여자처럼 또각또각 집을 나오지.
팽팽하게 입술의 양끝을 올리고 웃는,

귀를 의심하다

귀를 좀 빌려야겠어. 이 쥐색 벽지를 믿을 수가 없어. 계속해서 무언가를 빨아들이고 있다니까. 사방 연속무늬는 놈이 사용하는 일종의 화장술이야. 틈이 생겨서는 안 돼. 이때의 틈은 결정적이라구. 입으로 내 귀를 틀어막고 그는 이상한 음절들을 이어나갔다.

그런데, 네 귀는 참 편안해. 그런데, 언젠가 나는 이 벽지를 뜯어낼 거야. 그런데, 놈은 나를 기억할 수 없어야 해. 나는 숨 쉬는 것도 조심했어. 그는 평소 편애하는 접속사를 남발하기 시작했다. 그런데, 그가 기억에 대한 두려움을 표시하자 나는 갑자기 무서워졌다.

그가 귀를 빌려주는 때는 없기 때문에 듣는 것만이 유일한 일이지만 당신은 미쳤어, 소리치고 싶을 때가 있다. 네 귀가 이상해, 귀에 대해 지나치게 민감한 그는 약간 괴로워했다. 그가 괴롭다는 뜻으로 귀를 핥을 때의 신음 소리를 나는 안다. 그것이 나를 미치게 한다.

나는 오래 기다렸다. 마침내 그는 때가 왔다고 말했다. 놈이 웃기 시작했어. 호호호 부풀어 오르는 벽지를 좀 보라구. 놈이 먼저 마음을 놓은 거야. 나는 오래 기다렸다. 그는 내 귀를 물어뜯기 시작했다. 마침내 나는 한 쪽 귀를 버릴 것이다. 거의 의심할 수 없었다.

거짓말을 위해서

　그를 화나게 해서는 안 된다. 사소해 보이는 말에도 그는 지나치게 집착해서 뼈를 본다. 말은 지붕이지. 지붕의
　홈통으로 흘러드는 비가 그대의 스위트홈을 적신 적이 있는지. 나는 거대한 비구름을 동반한 태풍처럼 그대를 강타할 예정에 있다. 세상에 단 하나 있는 집을 위하여 집중호우로 쏟아질 준비가 되어 있다. 비는 뼈다.
　그의 말도 지붕인가? 뼈 같은 비, 비 같은 뼈가? 자문할 뿐 나는 반문하지 않았다. 아직 그를 화나게 해서는 안 되기 때문이다. 이 소심한 남자는

　사소한 말에 지나치게 집착해서 뼈를 본다. 비극은 사소하게 시작된다. 취중농담처럼. 취중의 힘없는 뼈처럼.
　완벽한 거짓말을 위해서 나는 수시로 體位를 바꾸었으며 까불대는 풀처럼 명랑했다. 그는 이미 내 거짓말 앞에서 뼈도 못 추린다. 그는 맹목적인 구름. 맹목적으로
　빈집에 내리치는 비가 집을 점령한다. 생각보다 쉬운 여자군, 그는 취해서 말했지만 나는 집 바깥에 있다. 나는 드디어 반문한다. 뼈로 집을 짓는 건 너무 야만적이지 않은가? 당신은 사람을 너무 순진하게 믿은 건 아닌가?

가위 지나가다,

 정원사가 하는 일은 나무를 고깔 쓴 모양으로 道 닦게 하는 일이다. 음전한 생각과 말씨를 가르치고 싶다. 身體髮膚를 생긴 대로 보존하여 미칠 것들은 미쳐라.

 가위를 쥐고 있으면 뽑힌 나무처럼 수술대에 드러누운 사내가 보인다. 약간만 손보면 돼. 앞으로는 잘 봉하구 살라구.
 머리채 잡힌 채 아버지에게 끌려간 숙자는 약 먹고 주사 맞고 산다. 오빠, 내 뱃속에 가위가…… 내 배를 탔던 놈은 죽었…… 피를 봤…… 찢어지는 웃음.

 정원사는 가위를 들고 道 닦는다. 조용히, 조용히, 나무는 그래도 삐죽, 잎을 내민다.

문은 안에서 잠근다

후려갈기듯이 그가 문을 닫았다고 생각했을 때, 문은 제대로 닫히지 않았다 문은 反撥하여 조금 열린 채 떨리고 있었다 그가 부르르 떨고 있는가? 오래 참으셨군, 나는 빈정거렸지만

나는 바닥을 드러낸 채 그의 침대에서 너무 오래 기생했다 두께 없는 얄팍한 사랑을 원고지 구기듯이 했네 나는 썼지만
구겨진 그를 펴서 다시 읽고 싶지 않았네 나는
썼지만 그는 때때로 아, 벌어져 있었네 그의 침대에서 나를 핥고 지나가는 문장들을 나는 너무 쉽게 받아들였네 그가 없는 그의 침대에서
나는 뜨거워지지, 그러니 그가 없는 그의 침대에서 참을 수 없었네 오래 참으셨군,
나는 빈정거렸지만 내가 나쁘지 않은가?
문을 닫았다고 그는 믿지만 문의 反動은 그의 행위에서 비롯하니, 이것이 내가 받은 교훈의 전부다

이제 내 낙서는 어디로 흘러갈 것인가? 다시 바람이 나침반인가? 문이 자꾸 펄럭이니 문 밖의 풍경은 빠르

게 늘어났다가 줄어들고 늘어…… 나는 중얼거린다,
 문은 안에서 잠근다.

三日間

　나는 누워서 방문이 열릴 때 파블로프의 개처럼 어떤 여자를 생각했다. 어떤 조건절과 어떤 여자.
　나는 여자의 심장 소리를 생각했다. 여자의 취미는 소리 내어 책읽기였다. 여자는 흥분하지 않았다. 여자의 심장 박동은 내부의 규칙을 지키고 있어서 완벽하게 자족적인 운동이었다. 나는 여자를 좋아했다.

　어떤 남자였다. 당신을 부른 적이 없어, 나는 반발했지만 그는 나를 죽은 사람 취급했다. 방문이 아주 조용히 닫히고 그는 천천히 걸으면서 말했다. 자네, 침을 흘렸군 그래.
　우리는 매우 친한 사이지. 나는 삼 일간 휴가를 다녀왔네. 그동안 자네는 뻗었군. 나는 오오오, 귀를 막으며 여자의 심장 소리를 생각했다.
　완벽한 심장을 생각하는군. 내가 자네 심장인데, 여자에게 자네는 재미없는 책이었을 뿐이네. 남자가 웃기 시작했다. 심장 없이 삼 일을 누워 있었다니! 나는 이상하게 빨리 이해했다.

　여자는 너무 많이 읽었다. 여자는 나를 펼쳐놓은 채

잠을 자기도 했다. 그녀의 두 눈이 고요히 걸려 있는 허공이 그림처럼 펼쳐져 있기도 했다. 삼 일 전에
   상심했던 심장이 쥐도 새도 모르게 방을 떠났다.

눈꺼풀 속에 눈꺼풀이 감길 때

 그가 눈꺼풀을 쓸어 덮어줄 때 나는 눈꺼풀 속에 또 다른 눈꺼풀이 찰칵, 닫히는 소리를 들었다. 눈꺼풀 바깥에 그가 있고
 눈꺼풀과 눈꺼풀 사이에 그가 있고
 눈꺼풀 안에 그가 있다. 나는 동시에 세 명의 남자를 만난다.

 눈꺼풀 바깥에는 눈이 내리고 있었다. 그는 눈으로 세수를 했다. 그는 냉정했지만 눈은 녹아 그의 얼굴에서 물이 되었다. 얼굴에 얼룩진 검은 물이 그가 더러웠음을 말해주었다.
 너는 정말 눈꺼풀을 닫은 여자니? 눈꺼풀 바깥에서 그가 물었다.

 눈꺼풀 속에 또 다른 눈꺼풀이 감길 때 눈꺼풀과 눈꺼풀 사이는 그의 독방이다. 어디로 들어왔는지 모르겠어. 그가 중얼거렸다. 어디로 나가야 하는지도 모르겠어. 그는 눈꺼풀에 머리를 박았다.
 제발 눈을 떠. 그가 소리를 질렀지만, 정말 현실은 눈동자 바깥에 있을까?

너무 깊이 들어왔구나. 여기서 언제 우리가 만난 적 있니? 나는 주인같이 말했지만 그가 골 속을 유령처럼 흘러다닐 때 나는 그의 뒤를 졸졸 따라다녔다.

  나는 그를 흔들어 깨웠어야 했을까? 그는 너무 오래 잠을 자고 있었다. 그의 눈꺼풀 바깥에 내가 있고

 눈꺼풀과 눈꺼풀 사이에 내가 있고
 눈꺼풀 안에 내가 있다.

귀신 이야기 3

내 이름은 군대이니 바야흐로 이 시대에 우리가 **많음이니이다.**
——「마가복음 5: 9」

"내 이름은 군대이니 우리가 많음이네. 그대와 내가 복수이니 우리네.
"너희는 코를 벌름거리며 행군하는 돼지들이 아닌가?
 "불쌍한 모친이여, 나는 그대의 적이 아니네. 내 이름은 군대이니 내분은 어리석지만 역사가 깊네.
"뻔뻔하군. 욕실에 군대를 몰고 와서 목욕하는 여자에게, 불쌍한 여인이여, 입 맞추다니!
 "내 이름은 군대이니 그대가 부른 용병이네. 땀 흘리는 그대여, 그대는 시나브로 팽창하고 있네.
"너희로 인해 지펴진 가랑이에 이상한 꽃이 피는군. 어지럽지만 나는 목욕하는 여자로서 비누칠을 한다네.
 "그대로부터 나왔으니 그대에게 돌아갈 터, 욕탕은 예로부터 발견의 장소였네. 내 이름은 군대이니 미끄러운 그대여, 복종은 미덕이네.
"나는 샤워를 한 돼지란 말인가?
 "그대는 그대에게 복종할지니 바야흐로 때는 그대

의 아비가 적색의 신호를 두려워하여 대기하고 있
는 때, 붉은 군대여

귀신 이야기 4

 악몽에 눌린 남자를 악몽 바깥에서 흔든다. 요람을 흔들 듯이

 아가야, 무서워하지 마. 내가 너무 무서워지잖니. 그런데
 여기는 정말 남자의 바깥일까? 나는 왜 인간들의 악몽에 자주 불려다니는 걸까?
 어, 어, 어, 그가 門을 연다. 저 이빨 가득한 통로가 나는 무섭다.
 나는 그를 꿈 없이 재워주고 싶다. 남자의 바깥에서
 나는 안으로 들어가기 위해 미끄러지는 것이다. 눌려 있는 이 남자의 표면은 푸른빛 으시시 도는 빙판이다. 나는 다시 엉덩방아를 찧은 것이다.
 빙판 밑에 그가 키우는 사나운 물고기들은 진화하지 않는다. 나는 단순히 그의 먹이그물 內를 구경하는 자인가, 아귀인가? 귀신은
 강 건너에 있지 않다. 악몽에 눌린 남자의 水深을 나는 아직도 모르는 것이다. 피를 본 물고기는 내게도 덤빈다.
 아가야, 무서워하지 마. 내가 너무 무서워지잖니. 그

런데
 무서우니 싸운다. 전쟁은 아무것도 생각하지 않게 해준다. 전쟁은 꿈을 없애는 방법의 하나다.
 쩍쩍 그가 갈라진다. 그는 악몽 바깥으로 나가려고 한다. 그런데

 바깥은 정말 악몽 바깥일까? 나는 약간 우울해진 물고기들과 조금 더 악몽 內에서 흘러다니기로 한다. 그가 머리를 흔든다.

귀신 이야기 5

 나도 한때 세상에서 옆집 여자였지만 세상의 옆집에 대해 알지 못했네. 그러니 이상할 것 없지. 初老의 사내가

 초초하게 벨을 누를 때, 나는 부드럽게 문을 열었지만 이 부드러움이 그를 늙은 광인으로 만들었네.

 그가 허우적거리네. 나는 냉장고의 문을 스르르 열어주었네. 주위가 조금 밝아졌지만 그는 세상의 옆집에서 친절을 베푸는 이웃을 보지 못하네.

 음식물들도 썩었으니 냉장고의 냉기를 두려워할 필요는 없어요, 여기서도 무언가 끊임없이 생장하고 있어요, 나는 이끼처럼 잔잔하게 속삭였지만

 뻣뻣해진 그를 녹일 수 없었네. 나는 웃음을 참지 않았네. 세상의 여자들은 모두 옆집 여자라고 주억거리는

 뜨내기 사내들이 세상의 옆집을 기웃거릴 때, 나는 그 사내들이 너무 늦었다는 것을 아네. 그들은 곧 나의 친구가 될 것이네.

귀신 이야기 6

> 죽기 전에 인간은 시간이 많지 않아요. 하지만 죽은 다음에는 그렇지 않습니다.
>
> ─배수아, 「은둔하는 北의 사람」

얼마든지 기다릴 수 있습니다. 당신의 전향은 정신적인 것이 아닙니다. 죽은 다음에는

다음은 다음이 아닙니다. 당신은 죽은 다음처럼 조용하군요. 그렇게, 죽은 다음으로 건너가겠다고

당신은 문득 멈추었군요. 당신의 그림자가 천천히 당신을 회전하고 있습니다. 당신은 보지 못한 것이 많습니다.

당신과 무관하게 버스 한 대가 노선을 이탈했습니다. 버스 기사는 흥분해 있군요.

몇 명의 승객이 지른 소리가 그를 더욱 흥분시켰습니다. 그는 보이는 것이 없고 당신은 보지 못한 것이 많습니다. 그렇게,

당신이 문득 서 있을 때, 당신과 무관한 버스가 5초 후를 향해 달리고

당신의 그림자가 천천히 당신을 회전하고

나는 얼마든지 기다릴 수 있습니다. 그러나 죽기 전에 인간은 시간이 많지 않아요.

제3부

미완성 교향악

소풍 가서 보여줄게
그냥 건들거려도 좋아
네가 좋아

상쾌하지
미친 듯이 창문들이 열려 있는 건물이야
계단이 공중에서 끊어지지
건물이 웃지
네가 좋아
포르르 새똥이 자주 떨어지지
자주 남자애들이 싸우러 오지
불을 피운 자국이 있지
2층이 없지
자의식이 없지
홀에 우리는 보자기를 깔고

음식 냄새를 풍길 거야
소풍 가서 보여줄게
건물이 웃었어

뒷문으로 나가볼래?
나랑 함께 없어져볼래?
음악처럼

하이네 보석가게에서

 언니, 나는 비행기를 탈 거야. 나는 아무것도 버리지 않았는데, 갑자기 너무 가벼워졌어. 마리오는 아름다운 남자야.

 안녕. 나는 보따리 장사를 할 거야. 보석 가게에서 나는 아름다움을 감정하지. 가짜가 얼마나 아름다울 수 있는지 아는 건 멋진 일이야. 언니, 곧 부자가 될게. 라인 강가에서.

 한국 남자를 사랑해보지 못했어. 오늘밤에도 언니는 시를 쓰고 있니? 언젠가는 언니 시를 읽고 감동하고 싶어. 안녕.

 11월에 나는 마리오를 만나지. 언니는 한국어로 사랑을 고백할 수 있어? 언니, 우리가 어렸을 때 문방구에서 마론 인형을 훔치는 언니를 봤어. 눈물이 주르르 모래처럼 흘렀어.

 언니, 우리가 아주 어렸을 때 모래는 가장 아름다운 흙의 형상이었지. 나는 매일 밤 기도를 해. 언니가 우리

집을 떠나던 날에 나는 왜 쓸쓸해지지 않았을까? 언니를 위해 기도할게. 안녕.

위치

커튼과 커튼이 보폭처럼 펄럭였지만 다른 창문으로 걸어가지는 않을 것이다.

당신은 거기에 있는가? 십 년 전에, 혹은, 십 년 후에,

오늘밤에도

 오늘밤에도 소년들 소녀들 전화를 한다. 오늘밤에도 하늘은 푸르스름하고 해는 떠오르지 않는다. 소년들 소녀들 오늘밤에도 총총하다.
 낮에 소년과 소녀는 같이 아이스크림을 먹지 않고, 아이스크림은 햇빛에 녹지 않고, 오늘밤은 아이스크림 같아서 달콤하다. 딸기 시럽같이 성수대교를 흘러가는 자동차들은 어디서
 어디서 스르르 녹겠지. 12층 아파트 베란다에서 소년은 전화를 한다. 난 달리지 않을 거야. 달려가서 누군가를 만나고 덜컥, 아빠가 되고 싶지 않아.
 난 오토바이족을 동경하지도 않고 여자애를 엉덩이에 붙이고 싶지도 않아. 나는 무섭게 세상을 쏘아보지 않지. 그런 눈빛은 이제 아주 지겨워. 몇 명의 소년 소녀 오늘밤에도 머리를 너풀거리며 추락하고,
 그 몇 초에 대해 오늘밤에도 명상하는 소년들 소녀들 전화를 한다. 오늘밤도 쉽게 깊어진다. 우리는 어디서도 만나지 않을 거야. 이렇게 말하면 항상 오늘밤이 아주 달콤해지지. 딸기 시럽같이
 성수대교를 흘러가는 자동차들은 어디서, 어디서, 스르르 녹겠지.

사춘기 1

노랑머리 소년을 아십니까?
    방과 후에 미용실에서 아줌마들의 머리를 감겨드렸어요.

이모의 미용실입니다.
    이모는 맞고 사는 여잔데요, 아줌마들은 내놓고 同情했어요.

노랑머리 소년을 아십니까?
    아줌마들이 참 예뻐했어요. 잡담을 하는 그녀들은 조금씩 음탕했는데요,

후딱 봄이 갈 것처럼 뭉텅, 봄나무에 꽃은 빠져버리고, 봄볕을 받는 수건들은 희미했어요.
    치밀어오르는 노랑머리 소년을 아십니까?

입맞춤
──사춘기 2

　선일여자고등학교 2층 복도 같은 복도입니다. 그런 복도라면 나는 복도 위의 복도와
　복도 아래의 복도를 미끄러질 수 있습니다. 우리들은 대걸레를 밀며 달려갔다 달려왔지요. 그런 복도라면 어느 쪽도 이쪽이어서 우리들은 계단을 함부로 오르내렸지요.
　여자애가 화장실에서 치맛단을 접고 나올 때는 말입니다. 무릎이 보일 듯 말 듯 했지만요. 이쪽과 이쪽 사이에서 못 할 말이 뭐 있겠습니까? 우리는 생각보다 참 욕도 잘했고
　참 쉽게 웃기도 잘했습니다. 창문에 붙어서 우리는 창문만 닦았고, 그런 복도라면 우리는 복도 위의 복도와 복도 아래의 복도에서 창문만 닦겠지만,
　정말 뭐가 더 잘 보였겠습니까? 어쩌면 선일여자고등학교 2층 복도 같은 복도입니다.

칼
── 사춘기 3

 소년이 손을 열어 보여준 건 칼이었다. 분홍색 손바닥 위로 슬몃 피가 비쳤다. "연필이나 깎지 그러니?" 소녀는 분명히
 비웃었다. 소녀는 뚫어지게 소년을 응시했다.

 여자애에게 위로를 받아본 일이 있었던가? 생각나지 않는다. 어떤 것에도 놀라지 않는 여자애가 무서웠다. 소년은 소녀의 집에 놀러 가보지 못했다. 소년도 소녀를 초대한 일이 없었다. 그렇지만 해수욕장의 모래밭에 누워 있는 소녀와,

 볼록한 가슴에 얹어주는 뜨거운 모래에 대해 상상하는 일은 즐겁다. 생일 파티 같은 것은 부유한 초등학생들이나 하는 짓이다. "아무한테나 손을 벌리진 않겠지?" 소녀는 똑똑하다.
 소년은 히, 웃으며 천천히 손을 오므렸다. 손가락과 함께 칼이 사라져갔다.

바람과 함께 사라지다
─사춘기 4

  그가 사라지자 바람이 사라졌다. 아이들은 그를 바람의 아들이라 불렀다. 어른들은 후레자식이라고 말했다. 돌멩이가 구르지 않았다.

  바람이 사라지자 그는 침을 뱉고 사라졌다. 구름의 모양이 변하지 않았기 때문에 구름은 더 이상 좋은 공상의 재료가 되지 못했다. 사람들은 모두 똑같은 냄새를 풍겼다. 저녁마다 갈비를 뜯었다.

  사람들은 바람의 도움 없이 책장을 넘겼다. 바람과 함께 그가 사라지자, 몇몇 애들은 정말로 책에 빠져 허우적거렸다. 책에서만 폭풍이 일고 운명이 일어서는 것 같았다.

소녀들
── 사춘기 5

 여자애들은 모두 즐거워 보였다. 열두 살이 되면,

 좋아하는 상점이 생길 거라고 말해주었다. 너희는 매일 상점에 들러서 몇 가지 물건을 쓰다듬을 거야. 그때의 기분과 손길을 잘 기억해두렴.
 열네 살이 되면, 그렇게 백 번 만지고 몇 가지 물건을 사는 동안 열네 살이 된 여자애를 친구로 사귀겠지. 너흰 둘 다 상점에서 물건을 훔친 경험이 있지.
 이제는 전부 시시해졌어, 그 애가 울면서 말할 거야. 쓰다듬어주렴. 좋은 친구는 아주 부드러워.

 기억할 것들이 생기지. 열두 살이 되면,
 열네 살이 되면, 나뭇잎을 떨어뜨릴 만큼 깔깔깔 웃기도 했지만

친구들
——사춘기 6

　주소록을 만들기로 한 날이었어요. 애들은 종이에 썼어요. 여기에 내가 있고 여기에 내가 없고 저기에 내가 있고 저기에 내가 없고 3시에 바닷가에 있었고…… 정말 시들을 쓰고 있더라구요. 우린 모두 일목요연해지려고 모였다구.

　우리에겐 특별한 날이잖아. 실용적인 주소록을 만들기로 해. 우린 모두 지쳤기 때문에 동의했어요. 무섭게 조용해졌는데, 전화벨이 울렸어요. 내가 모임에 빠진 거 애들이 아니? 이해해. 우린 너무 많아졌으니까. 나는 앰뷸런스에 실려 가는 중이야. 지옥행을 시도했거든.

　네가 대신 아무렇게나 써줘. 폭신한 침대에 내가 누워 있고 지옥문 앞에 내가 있고 다시 약국에 내가 있고 엄마 손에 잡혀 나는 어디론가 끌려가고 있고 꽃잎이 떨어져서…… 그런데 절대 시 쓰진 마. 그냥 아무렇게나 쓰면 돼.

　걘 멋진 데가 있었어. 우린 모두 조금씩 그래. 애들은 종이에 썼어요. 애들아, 우린 추억하려고 모인 게 아니잖아. 3시에 바닷가에 있었고 모레에는 기차를 탈 거야. 가끔 우리는 여기에 있을 거야. 우린 천천히 조용해졌어요.

가시

 그는 오늘 아침에도 가시를 부러뜨린다. 찔끔, 눈물이 난다.
 처음 가시를 발견하고 그는 열다섯 살 소년처럼 몸을 뚫고 나오는 털에 대해 생각했다. 이상한 기분으로 소년은 털이 집중적으로 자라는 부위를 만지곤 했다. 그렇지만 그는 열다섯 살 소년이 아니고
 가시는 부드럽게 쓸리지 않는다. 당신은 나를 찔러요, 여자가 했던 말은 감각적인 것이었다. 빼야 할 건 가시겠지만
 그는 여자를 빼고 눕는다. 그는 다시 오늘 아침에도 가시를 부러뜨리며 눈물을 흘린다.
 처음 가시를 발견하고 그는 가시에 찔린 것뿐이라고 생각했는데, 이럴 수가, 뽑으려고 하니까 그가 딸려왔다. 방바닥과 그의 엉덩이 사이에 3센티쯤 간격이 생겼다. 그는 어느새 가시의 뿌리가 되어 있었다. 아, 아, 아, 그는 소리를 지르며
 손을 뗐다. 그는 다시 몸을 뚫고 나오는 털에 대해 생각하기 시작했다. 그렇지만 그가 여자의 머리채를 잡고 흔들었던 몇 분 동안 그녀에게서 빠져나간 머리털을 그는 다 셀 수 없었다. 여자는 머리털같이 흩어져서

그를 빠져나갔다. 여자는 그를 빼고 눕고 그는 여자를 빼고 눕는다. 누가 날 좀 뽑아줘, 누워서 소리치기도 하지만

그건 분명 헛소리다. 그는 다시 오늘 아침에도 가시를 부러뜨리며 눈물을 흘린다.

불을 달고 날아가다,

 불을 달고 자동차가 휘익 날아간다. 빠른 건 머리 쪽이 살짝 들려 보여서
 광분했군, 쉽게 말해도 되는가? 조수석에 앉아 끽끽 소리를 질렀네. 10분 전에.
 10분 전에 나는 불을 달고 날아간다고 믿었네. 조수석에서.
 조수석에서 나는 뻥 뚫리는 걸 느꼈네. 보이는 게 없었네. 내 남자는 멋있네.
 나는 손뼉 치던 손으로 내 남자의 눈을 덮었네. 눈은 장식일 뿐이라고 믿었네.
 보이는 게 없었네, 쉽게 말해도 되는가? 남자가 브레이크를 밟네. 10분 전에.
 10분 전에 내 남자가 노려보았네. 그의 초점이 분명했네. 내 남자 주위에 몇 개의 작은 거울을 나는 두리번거리다 보고 말았네.
 조금 볼록했네. 10분 전에.

 그리고 불을 달고 자동차가 휘익, 인천으로 날아가다,

으르렁거리다

/ 마이크가 저기 서 있었어요.

마이크 주위로 불빛이 차르르, 치마처럼 흘러내렸구요. 마이크가 나를 불렀어요. 나는 헐떡이며 갔지요. 으르렁거렸어요. 아, 아, 아, 마이크 때문이니까 내게서 도망치지 마세요.

/ 마이크는 새로운 남자의 애칭이니?

당신은 전염병 같애. 난 많이 아파. 녀석도 당신을 옮기고 있을 뿐, 오오 불쌍한 녀석이지. 남는 힘이 있다면 도망치는 일에 아낌없이 쏟겠어. 오늘도 하늘이 노오란데.

/ 마이크는 마이크예요.

미안해요. 소리 지르고 싶지 않았는데, 마이크 때문이에요. 왜 내게서 나간 것들은 과장될까요? 마이크는 마이크지만, 왜 당신이 마이크처럼 떠들어댈까요?

/ 마이크는 시험 중이니?

아, 아, 아, 당신 문제는 이상하게 어려워. 녀석이 씩씩거리고, 마이크의 목을 조르는 당신도 진땀을 흘리는

군. 오늘도 하늘이 노오란데, 당신은 집요해. 난 비 오듯 땀을 흘리지.

타일

라디오에선 3분마다 폭소가 터졌는데, 왜 웃는지 알 수 없었어요. 이유 따위는 쉽게 물에 잠겼거든요. 잠수해버린 것들은 시시한 것들일 거라고 믿어요.

사방에 깔렸으니까 어느 쪽이든 타일을 향해 샤워기는 물을 쏘아대고 있겠죠. 나는 失足했답니다. 슬리퍼 한 짝이 치솟는 걸 봤어요. 수증기가 아무리 빽빽해도 슬리퍼 한 짝을 걸고 있을 순 없겠죠.

죽었니? 살았니? 누군가 노크를 했어요. 나는 "아직"이라고 했는데, 대답이 되었을까요? 거울에는 살풋 눈이 온 듯했구요, 타일은 만지면 미끌…… 했구요, 노크 소리는 점점 거칠어지구요, 문은 잠궜는데…… 나는 아직 잠기지 않구요,

그가 홀연, 두꺼워졌다

  턱을 약간 치켜든 채, 그가 입을 벌리고 있었다. 나는 마주 앉아 있었지만 그의 바깥만 편안해서 바깥만 보았고 다문 입과 벌린 입 사이에 일어난 변화를 알 수 없었다. 그의 바깥에서

  딸랑, 종이 울리고 한 쌍의 남녀가 들어왔다. 여자가 긴 머리채를 흔들자 눈이 떨어졌다. 까페 바깥에 내리는 눈이 아주 조금 까페에서 녹고, 테이블 위의 촛불들은 아무도 장난치지 않는데 깜짝깜짝 놀란다.

  어쩌면 사람들은 모두 입을 뻐끔거리며 조금씩 바람을 불고 있었는지도 모른다. 나는 그를 비껴간 것을 보았을 뿐, 그가 본 것을 보지 못했다. 내 등 뒤에서 갑자기 불이 났을지도, 불 속에서 기어나오는 아이의 눈빛과 마주쳤을지도, 불붙은 팔에 달린 손이 그를 향해 오그라들고 있었는지도,

  죽어가는 거지가 뿌연 유리창에 이마를 뭉개고 있었을지도 모른다. 거지의 붉고 더러운 이마만 투명했을지도 모른다. 벌어진 그의 입 모양이 그가 붙잡힌 세계를

축소해 보여주었으므로, 어떤 음성도 새어나오지 않는

 심연을 드러내었으므로 그는 도드라졌다. 그는 여기를 약간 튀어 나갔지만 우리는 모두 바람을 불고 있는 사람일지도,

너무 고요한

 귓바퀴를 십 년쯤 돌다 나간 소리를 보았는가? 천구백팔십구년生이다.

 강아지를 찾는 벽보를 읽어보면 애절하다. 그러나 강아지의 개성은 목걸이나 개끈에서 찾을 수 있다. 강아지가 스스로 목걸이를 벗을 수 있을까?

 귀를 핥고 또 핥으며 우리는 교감을 나누었다. 개끈 같은 건 생각도 안 했다.

이상한 슬픔

눈알이 뒤집힌 후 발작이 시작되었다. 검은 동자가 능선을 넘어간 다음 하얀 벌판에는 한 방울의 이슬도 맺히지 않았다. 코끼리떼가 코를 탁탁 칠 때마다 바닥에서 연기처럼 흙먼지가 일어나곤 했다. 그의 몸부림 또한 그런 것이었다. 검은 동자는 어디선가 物像들을 찍어내고 있을 것이다. 103층의 사내.

발작은 검은 동자의 기능과 관련되지 않았다. 103층의 사내는 조용한 사람이다. 우리는 그를 믿어야 한다. 그리고 검은 동자의 기계적인 작동을 신뢰할 수 있다.

고장 난 텔레비전이 빛의 배열을 바꾸듯이 발작은 배치의 문제다. 우리는 삼 분 만에 고칠 수도 있고 버릴 수도 있다. 그러므로 검은 동자는 쓰레기통 속에 들어갔을 수 있다. 103층의 사내는 고독을 즐길 줄 아는 사람이었다고, 그를 기억하는 이들이 있다. 우리의 기억은 복사돼 있어서 신뢰할 수 있다.

발작은 은빛 강물이며 지난 세기의 노을이다. 103층의 사내는 눈알을 공처럼 굴릴 수 있다. 그가 어지러움을 호소하며 병원을 찾았다고, 그를 기억하는 이들이 있다. 어떤 공도 쉼 없이 구를 순 없었다. 알약을 털어 넣고서 그 입으로 조그맣게 욕을 하는 소리를 들은 이들도 있다. 그의 입술이 다정했다고 느낀 여자도 있다.

몇몇은 썩은 향수일 뿐이라고 길쭉한 코를 둘둘 말았다. 그는 믿기지 않았다. 103층의 사내는 코끼리의 발바닥으로 아무나 밟고 지나갔다. 얼마나 가벼웠는지 우리는 조금씩 슬픔을 느껴야 했다.

번개에 대해

고백건대, 내게서 뚝 떨어진 곳에서 떨어지는 번개를 맞아본 적이 없다. 그러니 번개에 대해

번개 양편의 구름에 대해 나는 올려다보는 자이다. 이때 내가 맞은 비의 굵기에 대해

잘 말할 수 없다. 나는 편향된 자이기 때문이다. 번개에 대해

뚝 떨어진 곳에서 정전이 되기도 하지만 구름은 다치지 않는다. 구름은 구름의 규칙이 있다.

나는 번개에 대해 수정하지 않겠다.

제4부

대청소의 날들

 가루비누 같은 눈이라면 이상할 것도 없겠죠. 그런데 정말 오늘은 가루비누, 7일을 내릴 듯이 내렸어요. 사람들의 입술에서 비눗물이 흘렀구요. 거품을 물고 말할 수밖에 없었다니까요.

 검은 동자는 핏물에 빠져 있어요. 오늘은 어쩌면 눈물로 뭔가를 씻을 수 있을지도 모르죠. 그렇지만 모두들 눈을 감길 무서워해요. 오늘은 분명 異變이어서 결심하기가 매우 두려웠어요.

 배를 쥐고 구역질을 하는 사람들 때문에 골목이 마구 꿈틀거렸어요. 멀리 있는 강이나 바다를 생각해봤지만 가루비누, 참 아득하게 내렸죠. 우리가 순수에 대해 생각해야 했을까요? 우리는 도무지 웃을 수가 없었어요.

 가루비누, 7일을 내릴 듯이 퍼붓고 군인들이 마침내 물청소를 시작했어요. 사람들은 얌전했지요. 그런데 더러운 강아지들이 사라지고 우리가 이윽고 발가벗은 기분이 들면, 거지와 집에서 아침저녁으로 세수하는 사람들을 구별할 수 없으면,

그때는 실종된 사람들도 보일까요? 우린 점점 유리처럼 투명해졌어요.

천국의 아이들 1

 아이들은 소음 덩어리지. 어디를 눌러도 삑삑거려. 그러니 아이들 사이로 어떤 소리도 제대로 샐 수가 없지. 여긴 안전해.
 나는 우는 아이들을 주워다 키우지.

 나는 엄마, 라고 말한 아이에게 묻지. 어디서 그런 말을 배웠니? 나는 신기한 듯 아이를 빤히 바라보지.
 나는 우유를 주는 여자일 뿐이고, 너희는 울고 있는 미아란다.

 너희는 창 밖에 머리 무거운 버드나무도 침대로 끌어들이지. 그건 매일 보는 나무잖니. 너희를 찾으러 온 사람은 없었단다.
 너희들은 한 달마다 얼굴이 바뀌지. 반년이면 너희는 감쪽같아진단다.

 마음껏 더럽히렴. 나는 멍청히 우유를 타는 여자일 뿐이고, 너희는 아직 울어도 좋을 때란다. 너희들은 한 덩어리지.
 울기 부끄러워지면 어서 나가렴. 너희는 울고 있는 미아란다.

천국의 아이들 2

  태풍에 지붕이 날아간 집을 보았어요. 노파와 세 아이가 삐걱, 문을 열고 나오더군요. 노파의 나부끼는 백발이 세 아이를 공중으로 몰고 올라갈 것 같았어요.

  귀여운 아이들이었어요. "학교로 오렴. 우린 강당에서 라면을 끓일 거야. 아주 넓게 이불을 편다면 젖이 큰 여자들도 많이 누워 있겠지." 아이들을 씻기고

  하늘을 향해 노파의 머리를 빗기고 싶었어요. 나는 애들에 둘러싸여 풍금을 치겠어요. 몇몇 애들은 이불에 오줌을 싸면서 자고 화장실에 간 아이는 유령의 손에 잡혀 오기도 하겠죠.

소프라노

 그 모래 언덕에 누웠던 몇몇 여자들은 변했다. 선인장처럼 가시가 돋쳤다. 그녀의 신경질을 예찬할 수 있다. 섬세하고 강인했다. 花筒이 털로 덮이는 종도 있었다.

 모래 언덕의 이동을 따라간 여자들도 있다. 부드럽게 부드럽게

 때론 비행접시가 출몰했다. 푸르스름한 광선을 타고 오징어떼가 내려오기도 했다. 폭풍이 한 번 통째로 도시를 감아올리는 날에는 너 나 없이 난민이었다. 2층이 오늘도 2층이었지만 13층은 모래에 처박혀 있었다. 그녀는 머리를 오래 오래 빗는다. 언제나 조금만 더 있으면 평화로워져요.

 어떤 종류의 플라스틱 빗도 아시안 소녀의 머리칼같이 까매져요. 가시가 파르르 떨리곤 했지만 언제나 조금만 더 있으면 고요해져요.

 여자는 아주 아주 높은 소리로 노래했다. 그녀의 음역을 상상할 수 없었다. 그녀를 비껴간 새들이 까맣게 몰

려 있었다. 2층은 2층이지만 1층은 공중에 입을 벌리고 있었다. 1층에서 사람들이 아 아 아 아 떨어져 부스러기가 되기도 했다.

홀림

 그녀가 머리를 푸는군요. 뒤통수 중앙에 꼭, 묶여 있던 머리가 와와와 흩어지는군요. 머리는 머리를 떠날 수 없지만 그 순간은 정말 어디로든 달아날 것 같았어요. 바람과 마구 섞이는 것들. 머리는 머리로부터 자랐지만 머리는 머리가 무슨 생각을 하는지 알 수 없습니다. 그녀는 언젠가 혼자 거울을 보면서 머리를 잘라낸 적도 있어요. 머리가 무슨 생각을 하겠어요? 쓱, 잘리고

 그리고 천천히 자랐습니다. 뒤통수 중앙에 꼭, 묶여 있던 머리가 그녀를 팽팽하게 잡아당기고 있었나 봅니다. 머리가 머리로부터 달아날 때 그녀가 조금 졸아드는 걸 봤어요. 그녀가 잡아매고 있었던 게 무얼까요? 그런 건 없다고 그녀는 모여 있던 머리를 푸는 걸까요? 그녀는 지금 산만합니다. 그녀의 머리 속으로 들어오던 열 개의 손가락처럼 그렇게

달무리

그의 진동이 그에게 후광을 만든다. 그가 문둥이같이 뭉개질 때
  배는 출렁이고 있었다. 내가 깔고 누운 파랑은 나를 통과한 그의 뒤편일까? 그의 뒤편은 검은 강물이지만
  세상의 반대편에서 먹 감는 여자들이 둥둥 떠오를 때
  그가 문둥이같이 뭉개질 때 지워질 때
  그의 진동이 그에게 후광을 만들 때
  그의 뭉개진 코가 킁킁대며 누구니? 누구니? 묻고, 다시 물을 때

  아으, 부풀어 오르는 한 그루 버드나무.

窓

    유리창 안쪽의 백색 형광등 공중에 찍히네 나의 상반신 음영이 바깥에 선명하며 달력에 흐르는 문자는 읽히지 않네 담 밑에서 처녀애들 속이야기를 나누는지 사근대는 밤바람 소리 일어서지 않고, 나의 왼편 귀가 공회전하는 귓바퀴에 돌돌 감다가 오른편에게 무소식이라 전하네 어둠에 무늬 지는 것이 다 빛이랴, 알았다 하네

    창턱에 다가가 내 얼굴 어둠에 문대니 귀밝이술이나 한 잔 하세, 아파트 위에 달 말갛게 웃네 씨방 부푼 나무 옷고름 푸는데

    풀리는 어둠에 달빛은 제 무늬 잣지 않으니 말랑말랑해지는 시티아파트 오오오, 눈빛 모르는 사촌들 구름같이 포개 누웠네 돌가루 시나브로 부스러져 내리는 12층 석탑을 이루고 물준 적 없는 수목들은 은빛 옷고름 물빛 휘파람으로 탑돌이를 하네 窓으로 窓으로 회전하는 달…… 이상한 꿈 이야기를 말하지 않는 귀밝은 아침이 소리 죽이며 오고 있네

정석가

연립주택 공용 마당에
키 낮은 두 그루 나무
나무와 나무 사이에 소파
놓여 있네, 서성이는 구름
일월성신을 접대하는 소파
흘러가는 손님들
삭삭기 셰몰애 삭삭기 셰몰애
나는 노래 부르네
이마가 뜨거워지는 저녁의 소파
노을 한 자락 걸치고 고즈넉
따라 부르시나, 삭삭기 셰몰애
별헤 구은 밤 닷 되를 심고이다
그 밤이 움이 돋아, 돋는다면
내게도 싹이 나나? 두 그루 나무
싹이 나면 뭐 할래? 쌍루를 흘리네
우수수 이별 눈물
받아도 마음의 용수철은 움직이지 않네
쿠션 없는 내 마음의 소파
나무와 나무 사이에 소파
엊그제 내린 닷 되의 비

작년 여름비도 얼룩져 있어
스폰지 속은 하냥 푸르네
여기가 또 한 세상이네
구은 밤에 움이 트는
일월성신 꿈결 같은 진화에 대하여
암수한몸의 즘생들이여 명상하라
아메바여, 짚신벌레여
중생과 후생을 거쳐 후년의 후년에
딩아 돌하, 유덕하신 님 여의리

뿔

우산을 모자처럼 쓰셨네
어디를 향해 서 계신가, 알 수 없네
따라서 내 시선은 자유롭네
찬찬히 훑어나가다
걸레처럼 훔쳐보지만
시선의 애무로는 벗길 수 없네
큰 모자, 저 엉뚱하게 큰 머리
실실실 비는 내려
우산을 모자처럼 쓰셨네
내 시선은 비처럼 주저앉네
앉은걸음으로 바짓부리 맴을 도네
나이테를 그리고 있어
늙어가는 남자
부동의 남자
우산을 모자처럼 쓰셨네
큰 모자 아래서
작은 계집애 조잘대지
재밌네, 저 엉뚱하게 큰 머리

빙빙 도네

어지러워 나는 아무것도 보지 못했네
머리 위에 그 남자의 뿔
말은 안 했지만
그는 화가 머리끝까지 나 있었던 것이네

그림자를 감추다

왔다, 갔다, 한다. 1.5×2 작은 방에서 족히 1킬로는 걸었을 것이다. 아가씨여,

아가씨는 내 시선 이전에도 내 시선을 믿었으며

아가씨여, 아가씨는 워킹 연습을 하나요? 나는 스티커 같은 아가씨 그림자예요. 아가씨를 623일 졸졸졸 따라다녔죠.

아가씨여, 아가씨 리듬에 맞춰 은빛 귀고리도 반짝, 반짝, 했겠죠. 달랑거리는 액세서리를 상상하면 나는 왠지 기분이 좋아져요.

아가씨여, 아가씨 방에 불이 꺼지면 5미터 바깥의 그림자는 또 상상을 해요. 세상엔 믿을 수 없는 일뿐이에요. 아가씨여, 아가씨는 정말로 날 믿었나요?

전화 받는 여자

 신문을 덮고 자던 남자가 화다닥 일어났다……여대생이 강의실을 나와 화장을 고쳤다……미아 보호소에서 한 아이가 구슬을 꺼내 보여주었다……집 나간 개 한 마리는 조금씩 더러워졌다……

 후드득, 후드득, 비가 오고 있었을까…… 집 나간 개 한 마리가 귓속으로 들어와 오줌을 갈길 때는 혼몽해서…… 나는 결근을 하고 누웠는데

 바둑 아마 5단 이상 장기 프로 유단자 대국할 분 월 15만 홍파동 가정집 T. 737-5747

 저에게 가능한 일이면 무슨 일이든 좋습니다 희망 급여 10~20만 4급 장애 T. 714-2387
 저는 저의 희망이 무섭습니다

 그러나 누구의 손이었을까, 감각이 없었다 나는
 받아쓰는 사람이다 아주 빠르게
 세상은 축축해졌다 그러나 시간은 아주 천천히 흘렀을지도 모른다 집 나간 개 한 마리는 정말 조금씩 더러워졌다

—『교차로』 2000년 6월 2일, 통권 1600호(제1289호)

코스모스 양품점

 누군가 건들거리며 휘파람을 불어준다면, 히히
 나는 본 일이 있다. 중앙선에서 병나발을 불던 사내
 순간, 사내는 중심에 서 있었다
 여자가 비명을 지르고, 여자가 중심을 향하여 팔을 휘젓고
 저 새끼 죽으려고 환장을 했나, 씨팔거리는 쌍방향의 손가락
 또 저이야, 다 쇼예요, 쇼, 세 여자는 손들었다는 듯이 등을 돌렸다
 손님, 그건 쇼윈도의 문제가 아닐까요? 나는 중얼거렸다

 아이쇼핑하는 열두 그루의 은행나무
 4차선 너머에 코스모스 양품점
 나무 나무 나무 나무……를 왕복 비행하는 파리
 손안에 쥔다면, 4차선 너머에 한 다스 나무로 나는 양치하겠다
 놈은 나보다 한 수 위에서 놀지만, 이 참을 수 없는 느려터짐
 나는 파리를 사랑할 수 없습니까?*

다만 조건절은 공상이 택하는 형식입니까?

누군가 건들거리며 휘파람을 불어준다면, 히히
고백하겠습니까? 열두 그루 은행나무하고 몽중에 혼숙
머리를 흔들며 사장은 말했다
이건 서비스업이라구, 머리를 숙여야 해
개 한 마리 무단횡단 한다, 개에 대해서 욕을 하는 미친 사내
개새끼인 개는 중심을 잡아채고 달아났다
개가 사라지자 나무가 으르렁거렸다

* "안형, 파리를 사랑하십니까?" —김승옥, 「서울 1964년 겨울」

관리 사무소

  1028개 마루에 동시에 울려 퍼진다. 우리는 곧 停電의 순간을 맞이하게 됩니다. 이후로 이 마이크와 당신들의 스피커에 전류는 끊깁니다. 지금 당신이 딩동,

  소리를 들었다면 맨 마지막 초인종입니다. 603호의 어둠 속으로 한 남자가 들어갔습니다. 그러나 당신의 실루엣은 바야흐로 덩어리입니다.

  많은 여자들이 울었고, 더 많은 남자들이 울었고, 아이들이 보챘습니다. 가령, 1104호 여자애의 드라이기에서 더 이상 뜨거운 바람은 나오지 않고, 여자애는 젖은 머리칼을 그냥 베개에 쏟아버렸습니다. 그렇게 누군가 눈감아버리고,

  또 당신들은 기어이 촛불을 들고 서서 유령처럼 서로를 확인하고, 동시에 깜짝 놀라고,

  동시에 전원이 확, 켜지고,

귀신 이야기 7

위로해주는 것도 죽음, 살게 해주는 것도 죽음,
그것은 우리를 취하게 하고, 우리에게 저녁때까지
걸어갈 용기를 주는 유일한 희망.
— 보들레르, 「가난뱅이들의 죽음」

 이젠 내 손으로라도 당신 인생의 문을 닫아주고 싶어, 드디어 아들이 문을 꽝 닫고 나가더군. 옛날 얘기야.
 그애는 착한 애였지. 내가 처음 요에 오줌을 쌌을 때 그애는 눈물을 글썽이며 웃었어. 슬펐던 거야. 그애는 나를 오랫동안 보살폈어. 역시 옛날 얘기야.
 나는 그애에게 처녀 시절 얘기를 하곤 했어. 정말 옛날 얘기지. 엄만 지금도 예뻐요, 그애가 조그맣게 말했던 거 같아.
 그애와 여자는 자주 싸웠어. 여자가 집을 나갔을 때 나는 여자를 이해했지만 악을 쓰고 욕을 하지 않을 순 없었어. 나는 침을 흘리는 노파였고
 텅텅 빈 지갑 같은 입이었지. 내 말은 언제나 소용없는 것이었어. 옛날 얘기지만 몇 마리의 참새를 보며 만 원짜리 지폐가 팔랑거린다고 손을 휘젓던 때가 있었어.

새가 날아갔을 때 나는 통곡을 했고 우는 늙은이는 재수 없다고 그애는 머리를 흔들었지. 난 언제나 그애를 이해했고

 나는 그애를 사랑했어. 나는 그애의 슬픔과 희망을 이해하지만 내가 정말 그애를 기다리는지 잘 모르겠어. 부자도 가난뱅이도 옛날 애기나 하는 여기서.

귀신 이야기 8

나는 내가 떨어뜨린 동전을 주워야 했다. 빠져나갈 구멍은 없는 줄 알았다. 어디가 구멍이었니? 내가 등을 구부릴 때, 나는 의문형이었다.

누군가, 동전을 향하여 뻗친 내 팔을 스치며 말했다.
"내가 구멍이었습니다.
그렇지만 이런 혼동은 흔한 것이지요. 당신과 내 팔이 협동할 수 없어도 이것이 나쁜 일은 아닙니다. 한 개의 동전이 두 개의 구멍에서,
두 개의 구멍에서 한 개의 동전이 나올 수 있습니다. 한 개의 구멍은 그냥 구멍이고 너무 심심했죠"
나는 뻥 뚫린 검은 입을 본 것 같다. 이가 몽땅 빠져버린 누구인가, 그냥 비껴가려 한다. 나는 그의 휘휘휘 휘파람 소리를 들은 것 같다.

뭔가 명확하지 않았다. 그는 점점 작은 구멍이 되어 갔다. 어쩌면 나는 그에게 포개질지도 모르는데, 딸랑거리며 그를 쫓아간다. 뭔가 빠지고 있는 느낌이었다.

해시계

그림자가 세 시를 덮었으니 나는 그 흐린 이불을 덮고
뒤척였으니 세 시에 들었고
그림자를 따르리 너희들도 그리하니 해가 지기까지
움직이지 않으면 영영 이불을 얻지 못하리 不動하고
엎드린 거지가 손을 높이 쳐드니 그는 헐벗고
동전 대신 햇빛이 딸랑, 떨어지고
그는 눈이 부시니 동정심 때문에 돌아본 너희들은
이불을 덮어도 잠들지 못하리 그림자가 세 시를 덮고
우리가 세 시에 들었으니 세 시를
네 시에 옮기고 다섯 시에 옮기고
그림자를 덮을 어둠이 오느니 어둠을 걷을 해가 오기
까지
두껍게 덮이리 어둠이 깊다면
학교도 교회당도 종을 치지 않으리

폭풍 속으로

으으으 달릴 뿐이다 입에서 쇠 냄새가 난다 무엇에 대한 맹목 때문인가? 무엇에 대한 공포 때문인가?

무엇이 있었는지 모르겠다 어쩌면 무엇이 없었기 때문인지도 모르겠다

나는 으으으 느낀다 내 속도는 잡아끄는 머리카락의 힘으로 추정할 수 있다

두피가 힘차게 당겨진다 나는 變身을 도모한다

입에서 입에서 쇠 냄새가 난다 나는 순수해진다 나는 一點으로 수렴될 것이다

집중은 부분적인 마비를 동반한다 심장이 뛰는 속도에 비하면 으으으 내 동작은 슬로우 모션이다 어떤 것도

먼저 멈추지 않겠다 나는 지금 무엇에 대한 直前이다 아직

해설

아이들, 여자들, 귀신들

이장욱

1

 아이들이 울고, 여자들이 웃고, 귀신들은 흘러간다. 울고 웃고 흘러가는 이 아이들과 여자들과 귀신들을 편안하게 읽을 수는 없다. 사춘기 아이들은 기성 세대의 주변에 있으며, 여자들은 남자들의 외곽에 있으며, 귀신들은 생의 저편에 있다. 그들은 중심에는 없다. 그들은 중심의 머나먼 바깥에서 어떤 원심력을 이루어 세상을 지탱한다. 앙상한 중심을 부여잡고 어쩔 줄 모르는 것은 어른이며 남자이며 살아 있는 당신들이다. 이 글을 쓰고 있는 나는 이 셋 모두에 해당한다. 나는 나의 바깥 어딘가에서 홀연히 떠올라 울고 웃으며 걷고 달리고 중얼거리다가 문득 사라져버리는 그네들을, 멀거니 바라본다.
 불편한 것은 또 있다. 이 시집의 아이들과 여자들과 귀신들은 우리에게 낯익은 시적 어조나 적절한 깨달음이나 잘 조율된 감정의 흐름 같은 것을 제공하지 않는다. 규율의 파격이나 전투적 실험에 대한 자의식이라도 있다면 오히려 편안할 것인데, 이 시집은 전위와 같은 전투 용어에도 별다른 관심이 없어 보인다. 이제 우리는 아무 데서나 출몰하는 아이들과 여자들과 귀신들의 이상한 언어 속에 갇힌다. 그네들의 언어는 독백인 듯 대화이고, 대화인 듯 독백이다. 그것들은 또 거친 듯 부드럽고 부드러운 듯 난무한다. 하나의 의미로 완강하게 모이려는 것 같다가도, 문득 흔적도 없이 흩어져버린다. 한 편의 시를 관할하는 시적 정황을 이해해야 할 것 같지만, 정황 따위와는 무관하게 강력한 구절들이 여기저기 매복해 있다. 말들은 끊임없이 이합집산한다. 흩어질 듯 이어지며 흘러가던 말들이, 어느 순간, 내 안으로 천천히 스며든다. 나는 그 자욱한 풍경을 천천히 산책하기로 한다.

2

먼저 화자에 대해 말해야 할 것 같다. 많은 경우, 그녀의 화자는 전래의 '서정적' 화자가 아니다. 이 화자는 시인의 어조와 감성을 내세워 모종의 진리치를 정교하고 우회적이며 단선적으로 전하려 하지 않는다. 이 화자는 대개 개별화되고 구체적인 개인일 뿐, 서정의 힘으로 삶과 세계를 규정하려는 시인의 직접적 분신이라고 말하기 어렵다. 예를 들어,

사방에 깔렸으니까 어느 쪽이든 타일을 향해 샤워기는 물을 쏘아대고 있겠죠. 나는 失足했답니다. 슬리퍼 한 짝이 치솟는 걸 봤어요. 수증기가 아무리 빽빽해도 슬리퍼 한 짝을 걸고 있을 순 없겠죠.　　　　　　　　　　　　—「타일」 부분

같은 시에서, 화자는 욕실의 타일에 미끄러져 넘어진 자이다. 아마도 일반적인 서정적 화자였다면, 이 미끄러운 타일과 타일 위의 실족(失足)은 위태로운 삶을 환기하며 은유적 의미로 확장되는 계기가 되었을 것이다. 하지만 이 화자는 그런 방식의 유비적 의미 확장 같은 것은 전혀 의식하지 않는다. '수증기가 아무리 빽빽해도 슬리퍼 한 짝을 걸고 있을 순 없겠죠' 같은 매력적인 구절은, 미끄러지는 그 순간에 대한 지극히 미시적인 관찰과 느낌에 헌신할 뿐이다. 요컨대 이 화자는 미끄러지는 순간의 그 헛헛한 허당에 관심이 있을 뿐, 다른 것은 모르겠다는 투다.

이것을 화자의 능청이라고 할 수는 없다. 왜냐하면 이 화자는 시라는 형식 자체를 의식하지 않는 자이기 때문이다. 그는 시의 바깥에서 시와 무관하게 말하는 자이다. 그러므로 그녀의 화자들은 어떤 서정적 관념이나 서정적 감성이나 서정적 깨달음의 화신이 되려 하지 않는다. 그럴 만한 의지가 아예 없는 것이다.

우는 애들을 달랠 순 없어요. 난 머릿속이 출렁거릴 때까지 울죠. 애들이 날 달래지 않으면 애들이 …… 애들이 …… 익사할지도 몰라요.

애들은 정말 겁도 없어요. 물속에서 노래를 해요. 엄마……
엄마…… 엄마…… 저 뻐끔거리는 입들을 좀 보세요.

표면으로 올라온 물방울들이 잇달아 터지고 있어요. 공기가
가시처럼 찌르나 봐요. 애들이 너무 오래 물속에서 놀고 있어요.
—「우는 아이」

우는 엄마의 울음 안에서 아이들이 함께 운다. 아이들은 엄마의 눈물 안에서 익사 직전이다. 이것은 쉽게 감상으로 타락할 만한 풍경이지만, 그녀의 어조는 지극히 건조하다. '공기가 가시처럼 찌르나 봐요'처럼 간결하면서도 아픈 묘사가 그 건조함의 이면에 있다. 화자는 우는 엄마의 울음 안에서 함께 우는 아이들의 풍경이나 그 의미에 '대해서' 말하는 것이 아니라, 그냥 자신의 느낌을 기술한다. 이 느낌이 시의 처음이며 끝이다. 우리는 이 즉자성을 '몸'이라고 부를 수 있을지도 모른다. 몸은 언어를 빌려 스스로를 표현할 뿐, 관념이나 사유의 지배를 받지 않는다.

이제 시는, 너무 구체적이어서 어떤 의미로 환원될 수 없는 감각과 느낌에 헌신한다.「내 입 속에 떡갈나무」의 화자는 이가 덜덜 떨릴 만큼 격렬한 느낌 속에서 입을 앙다물어야 하는 어떤 순간에 대해 적고 있으며,「거짓말을 위해서」의 여자는 남자의 편집증과 자신의 거짓말에 대해 반어를 섞어 떠든다. 이 화자들은 독자를 대면하고 있다는 사실과 무관한 개별자들처럼 보인다. 많은 시편들에서, 그들은 시라는 형식의 바깥에서 어떤 시적 진리치도 향유하

지 않는 자연인에 근접해간다.

하지만 오해하지 말아야 한다. 즉자적인 것은 화자이지 시 자체가 아니다. 즉자적인 것처럼 보이는 구절들이 모여 한 편의 시가 되는 순간, 우리는 각각의 문장들을 넘어서 생성되는 모종의 시적인 순간을 만날 수 있다. 이 시적인 순간은, 화자의 내면에서 완결되는 것이 아니라 화자의 바깥에서야 완성된다. 시적인 것, 시라는 형식, 시를 통해 전하려는 것을 스스로 잘 알고 있는 화자를 채용하는 서정시와 달리, 역설적이게도, 그녀의 화자들은 시라는 형식 자체를 소외시킴으로써 시에 도달하는 것이다.

그런데 여기에는 전제가 또 하나 필요하다. 시라는 형식의 바깥에 있는 것처럼 보이는 이 화자들이, 그렇다고 해서, 시인과는 온전히 다른 '타자'로 호명되는 것은 아니라는 점이다. 요컨대 화자들은 시인과 무관한 객관화된 '대상'으로 도입되지 않는다. 귀신이나 사춘기 아이들처럼 온전히 타자의 말을 채용한 시들(「미완성 교향악」 등)도 있고, 때로는 서정적 권위를 유지하며 형식을 의식하고 있는 화자들(「정석가」 등)도 있지만, 대부분의 경우 이 시집의 화자들은 시인과 개별화된 타자 사이의 미묘한 곳에 위치한다. 그네들은 시인의 타자이면서 타자가 아니다. 시인은 화자의 너머에 존재하지만, 어느 지점에서는 귀신처럼 화자의 내부를 통과한다. 그것은 이제 서정에서 일탈하여 다른 서정에 도달한다. 이 미묘한 화자의 위치야말로, 그녀의 시가 가진 낯선 서정의 비밀이기도 하며, 이제 우리가 도달해가는 '현대시'의 어떤 징후이기도 하다.

3

이 묘한 서정성은 일차적으로 시를 이루는 언어들을 자유롭게 만든다. '관리 사무소' 같은 비시적인 소재와 제목이 개입하고, 일상의 어조와 어휘들이 다양하게 활용된다. 그녀의 시들이 대부분 구어체로 이루어져 있는 것도 이러한 화자의 특성과 관련이 있다. 이 책의 여기저기에 흩어져 있는 히히, 오오, 아아, 으으으 같은 감탄사들은, 서정적이며 일원적인 세계에 존재하는 화자가 흔히 취하는 '오오'라든가 '아아' 같은 권위적인 감탄들과는 다른 맥락에 있다. 그녀의 감탄사들은 서정적 권위의 영토로 상승하려 하지 않고 그냥 개별자의 바닥에서 뒹군다. 그것은 모종의 '반응'일 뿐이다.

전래의 서정성을 벗어나면서 얻어지는 것은 또 있다. 시의 문장을 이어가는 방식 말이다. 전체적 의미로 온전히 환원할 수 없는 문장들이 불연속적으로 전시되는 풍경은, 가령 이런 시편을 만든다.

매일 밤 나는 눈을 감지. 그리고 오랫동안 눈을 뜨지 않았네. 어떤 소리가 새어 나갈지 알 수 없었네. 나는 놀러 다녔어. 나는 취미도 개성도 없지.

매일 밤 나는 눈을 감으면서 세상이 감기는 걸 느끼지. 이렇게 간단히 세상이 바뀌는걸 뭐, 하고 중얼거리네. 가로수들이 엎어지고, 길은 혀처럼 도르르 말렸어.

육중한 동물들이 희귀한 교미 장면을 보여주곤 했어도 에로틱해지지 않았네. 뿌옇게 흙먼지만 일었지. 나는 다른 종에게 취미를 느낀 적이 없어. 눈을 감았다고 해서 아무렇게나 느끼는 건 아니야.

〔……〕

나는 오래간만에 눈을 뜨니까 매일 어리둥절해. 그리고 눈곱처럼 떼어놓아야 할 게 있다고 느끼지.
─「기억은 몰래 쌓인다」 부분

이 시는 꿈속에서 서서히 쌓이는 풍경, 혹은 기억에 대한 것이다. '나는 취미도 개성도 없지' 같은 구절이 매력적인 것은, 전체의 의미에 종속되지 않은 채 독립적이면서도 다른 문장들과 미묘하게 만나고 있기 때문이다. 정말이지 꿈속에서라면, 우리는 취미도 개성도 없는 것이다.

마찬가지로, '눈을 감았다고 해서 아무렇게나 느끼는 건 아니야' 같은 구절 역시 앞의 문장들의 필연적인 귀결이 아니면서도 시 전체에 지극히 자연스럽게 섞여 든다. 시의 마지막, '나는 오래간만에 눈을 뜨니까 매일 어리둥절해. 그리고 눈곱처럼 떼어놓아야 할 게 있다고 느끼지' 같은 구절은, 아주 상식적인 어휘와 표현으로 이루어진 것 같은데도, 잠에서 깨어난 우리의 느낌을 아주 낯설게 전달한다. 시를 다 읽고 나면, 기억이 몰래 쌓인다는 제목에 군말 없이 동의하고 싶어진다.

문장만 불연속적인 것은 아니다. 우리는 끊임없이 교체되는 어미들, 끊임없이 교차하는 감정들, 끊임없이 교대하는 화자들을 만난다. 그네들은 시집 여기저기에서 명멸한다.

주소록을 만들기로 한 날이었어요. 애들은 종이에 썼어요. 여기에 내가 있고 여기에 내가 없고 저기에 내가 있고 저기에 내가 없고 3시에 바닷가에 있었고…… 정말 시들을 쓰고 있더라구요. 우린 모두 일목요연해지려고 모였다구.

우리에겐 특별한 날이잖아. 실용적인 주소록을 만들기로 해. 우린 모두 지쳤기 때문에 동의했어요. 무섭게 조용해졌는데, 전화벨이 울렸어요. 내가 모임에 빠진 거 애들이 아니? 이해해. 우린 너무 많아졌으니까. 나는 앰뷸런스에 실려 가는 중이야. 지옥행을 시도했거든.

네가 대신 아무렇게나 써줘. 폭신한 침대에 내가 누워 있고 지옥문 앞에 내가 있고 다시 약국에 내가 있고 엄마 손에 잡혀 나는 어디론가 끌려가고 있고 꽃잎이 떨어져서…… 그런데 절대 시 쓰진 마. 그냥 아무렇게나 쓰면 돼.

걘 멋진 데가 있었어. 우린 모두 조금씩 그래. 애들은 종이에 썼어요. 애들아, 우린 추억하려고 모인 게 아니잖아. 3시에 바닷가에 있었고 모레에는 기차를 탈 거야. 가끔 우리는 여기에 있을 거야. 우린 천천히 조용해졌어요. ─「친구들─사춘기 6」

어디까지가 '나'의 말이며 어디까지가 '애들'의 말인지를 확정하는 것은 생각보다 중요하지 않다. '나' 역시 '애들'과 동일한 지평에서 같은 어조로 말하고 있기 때문이다. '절대 시 쓰진 마. 그냥 아무렇게나 쓰면 돼'라는 구절은 이 시의 언어뿐만 아니라 그 이면의 파토스까지를 온전히 대변하는 것이다. 정말 '그냥 아무렇게나' 써버린 것처럼 보일 정도로, 이 시는 불연속적인 어미와 불연속적인 감정과 불연속적인 화자들을 보여준다. 자살을 시도한 친구와 3시의 바닷가와 모레에 탈 기차는, 하지만 시의 문면 너머 어느 머나먼 지점에서 극적으로 만난다. 그것들은 시의 깊은 곳에서 겨우 시적 인과를 획득하며 사춘기의 풍경을 감각적으로 소묘한다. '우리는 모두 일목요연해지려고 모였다구'라든가, '3시에 바닷가에 있었고 모레에는 기차를 탈 거야' 같은 구절들은 대화를 옮긴 듯 가벼우면서도 미묘한 시적 에너지를 발산한다. 이 불연속적인 문장들 사이로 우리는 사춘기의 어떤 느낌을 천천히 떠올리게 되는 것이지만, 당연하게도 이 느낌은 안전한 추억 따위가 아니라 위태롭고 불안한 그 무엇이다. 이들은 '추억하려고' 모인 게 아닌 것이다. 이 시들은 어두웠던 과거에 바쳐지는 저 부드럽고 아늑한 시적 우울 같은 것에는 애당초 관심이 없다. 사춘기의 아이들, 아파트의 여자들, 그리고 우리 곁의 귀신들이, 실은 모두 그러하다.

4

사춘기라는 제목이나 부제를 단 시들은 여섯 편뿐이지

만, 「미완성 교향악」이나 「오늘밤에도」를 포함한 많은 시들도 여기에 포함될 수 있다. 사춘기는 가볍고 불안하며, 달콤하면서 위험하다. 사춘기는 도덕이라든가 당위라든가 정의 같은 것을 문제 삼지 않는다. 사춘기는 보수적일 수 없지만, 이곳을 떠나 어디로 가야 하는지도 알 수 없다. 사춘기의 아이들은 완고하게 굳은 채 패턴화된 감정을 가진 저 성숙한 인간들의 조화로운 예절을 따르지 않는다. 그네들은 다행히도, 사회적 초자아를 자신의 자아와 혼동하지 않는다. 바로 이 지점에서, 사춘기는 단순한 소재가 아니라 미학적 출발점으로 승격된다. 이제 시를 쓴다는 것은 윤리학과 온전히 무관한 저 사춘기적 '경계'에 머문다는 뜻이 된다. 경계에 걸려 흔들리는 이 불안한 감성들은 정확하게 이 시집의 미학을 조준하는 것이다. 이제 아이들은 자꾸 움직이고 웃고 건들거리고, 그러다가 문득 몸을 던진다.

오늘밤에도 소년들 소녀들 전화를 한다. 오늘밤에도 하늘은 푸르스름하고 해는 떠오르지 않는다. 소년들 소녀들 오늘밤에도 총총하다.
〔……〕
난 오토바이족을 동경하지도 않고 여자애를 엉덩이에 붙이고 싶지도 않아. 나는 무섭게 세상을 쏘아보지 않지. 그런 눈빛은 이제 아주 지겨워. 몇 명의 소년 소녀 오늘밤에도 머리를 너풀거리며 추락하고,
그 몇 초에 대해 오늘밤에도 명상하는 소년들 소녀들 전화를 한다. 오늘밤도 쉽게 깊어진다. 우리는 어디서도 만나지 않을

거야. 이렇게 말하면 항상 오늘밤이 아주 달콤해지지. 딸기 시
럽같이
    성수대교를 흘러가는 자동차들은 어디서, 어디서, 스르르 녹
겠지. ──「오늘밤에도」 부분

  무너진 성수대교를 떠올리지 않더라도, 이 소년 소녀들은 위태롭다. 그네들은 생에 대해 냉소적이며, 그래서 세상에 대한 상투화된 적의조차 거부한다. 그런 것은 정말이지, '아주 지겨워'진 것이다. 이런 시선은 모종의 환멸과 절교로 전이되고, 끝내 성수대교의 사회적 비극은 사춘기 아이들의 내면적 비극과 결합한다. 딸기 시럽처럼 달콤한 사춘기는 성수대교 위의 자동차들처럼, 스르르 사라지는 것이다. 이것은 비판이나 애도의 시가 아니다. 우리는 저 비극의 순간에서 소급하여, 사라져버린 사춘기 아이들의 차가운 풍경을 만난다.
  사춘기 아이들과 유사한 또 다른 경계의 존재들이 있다. 귀신들 말이다. 그네들은 이승과 저승, 삶과 죽음 사이를 배회한다. 그들은 살아 있는 인간의 강력한 타자이다. 소설이나 영화가 공포를 하나의 '장르'로 수용하는 것은, 공포를 즐김의 방식으로 삼는 인간 특유의 역설 때문만은 아니다. 귀신을 비롯한 초자연적 세계는, 인간이 이해할 수 있는 세계의 이해할 수 없는 이면을 강력하게 환기한다. 역사적으로 인간은 자신이 이해할 수 없는 것에 대해 두 가지 반응을 보여왔다. 하나는 신비의 권능을 부여하는 것이며, 다른 하나는 어둠의 낙인을 찍는 것이다. 공포라는 장르는 후자의 산물이지만, 이 둘은 필연적으로 짝패다.

그래서 찬양과 권능을 부여받은 종교나 정전(正典)의 세계는, 예외 없이 어둠의 세계를 이면에 거느림으로써 자신을 강화한다. 그것은 초자아의 세계가 언제나 무의식의 습격에 대비하여 '문명'을 건설하는 것과 같다. 이 경우 시는, 당연하게도, 어둠의 낙인 편에 가담한다.

그런데 이 시집의 귀신들은 좀 이상하다. 이 귀신들은 단순히 공포나 낯선 어둠의 전령이라고 할 수 없다. 이 귀신들은 살아 있는 자를 위협하거나 공포로 몰고 가는 대신, 일상 속에서 다만 출몰하면서 그것을 낯설게 만든다. 그래서 그들은,

> 너는 십 년 만에 비춰보는 내 거울이야. 난 그때 네가 꼭 죽을 줄만 알았는데, 그래서 유감없이 탈출했는데, 같이 죽기에는 피차 지겨웠으니깐, 이해해? —「귀신 이야기」 1 부분

라고 말하거나, "사람을 그냥 통과할 때, 단숨에 어떤 一生이 한 줄로 정리될 때, 정말 神이 된 기분이야. 얼레리꼴레리"(「귀신 이야기」 2)처럼 수다를 떨기도 하고, 결국에는 "세상의 옆집에서 친절을 베푸는 이웃"(「귀신 이야기」 5)이라며 스르르 냉장고 문을 열어주기도 한다. 그네들은 남자의 악몽에 나타나기 위해 불려 다니고(「귀신 이야기」 4), 5초 후의 세계에서 곧 버스에 치일 우리를 관망한다(「귀신 이야기」 6). 어느 경우이건, 그네들은 삶의 저편에서 삶의 이쪽을 바라보고 있다. 그네들은 주로, "문득, 뒤돌아서서 뭔가 보아야 할 게 있다고/아, 길을 놓쳤다고 느낄 때"(「귀신 이야기」 1) 나타난다. 우리가 그렇게 뒤돌아보면, 10년

전에 몸을 떠난 귀신 하나가 물끄러미, 우리를 바라보고 있을지도 모른다.

 귀신들과 가까운 곳에, 또 여자들이 있다. 이 여자들은 대개 사람들에 대해, 그리고 끝내 자기 자신에 대해 낯선 여자들이다. 그들은 지금 막 느끼고 있는 이 생의 감각이 아주 이상하다고 생각한다. 그래서 여자는 자꾸 귀신을 만나고 노파를 만나고 죽은 아이와 대화한다. 그들은 모두 여자 안의 환영이기도 하다.

 하지만 어떤 시들을 읽으면, 이 시집에는 여자들만 읽고 느낄 수 있는 무엇이 있으리라고 생각하게 된다. 남자들에게는 온전히 허락될 수 없는 느낌의 영역 말이다. 여자들은 여자들만의 감각, 여자들만의 언어, 여자들만의 영혼이 통용되는 세계에 대해 생각한다. 그곳에서는 여자들만의 연대기가 작성되고 여자들만의 음악이 완성된다. 여자들은 여자들의 세계에 영원히 발을 담근다.

> 초콜릿과 밤하늘은 분간이 안 되고
> 비명 소리는 분쇄되지
> 기계는 말없이
> 생산해내지
> 엄마
> 언니
> 그런 여자들의 자장가를 들으며 잠들고 싶어
> 당신은 어른이 됐지 ──「초콜릿 분쇄기」 부분

 영원히 여자들 품에 안긴 여자애이기를 원했어요. 나는 그녀

들의 애기를 귀에 꽂고 다녔어요. 내 입에서 그녀들이 흘러나와

깜짝, 놀라기도 했어요.

[……]

우린 영원히 발을 담그고,　　　　—「여자들의 품」부분

나는 여자를 올려다보았다. 여자도 어딘가를 올려다보았다.

[……]

나는 엄마, 라고 말했다.
애야, 너는 잠시 옛날 생각을 하고 있을 뿐이란다. 그리고 세상은 많이 변했단다. 여자가 유모차를 밀던 손을 놓았다.
　　　　　　　　　　　　　　　　—「삼십세」부분

여자들의 세계는 엄마에서 언니로, 언니에서 여자아이에게로 전승된다. 여자아이의 생은 초콜릿과 비명소리와 엄마와 언니에게서 시작되고, 또 여자아이는 엄마와 언니의 품에서 엄마와 언니의 이야기를 귀에 꽂고 살다가 결국 그 여자들의 삶과 말을 제 것으로 삼는다. 어느 먼 훗날 여자아이는 제 입에서 그녀들이 흘러나오는 것을 느끼고는 깜짝, 놀란다. 딸은 엄마의 말을 복제하고 또 다른 딸의 엄마로서 여자들의 기억을 한량 없이 전승한다. 여자들의 이 은밀한 유대와 연대는,「삼십세」에 이르면, 나무를 들이받

아이들, 여자들, 귀신들　137

은 자동차를 엄마가 손을 놓은 유모차로 바꾸어놓는 풍경에 이른다. 서른 살의 그녀는 '친친히 핸들에 손을 얹고 뒤를 돌아다볼' 수밖에 없는 것이다.

이 오래된 관계를 유대와 연대라고 이름 붙일 수는 있겠지만, 이상하게도 그것은 모성(母性) 같은 어휘를 떠올리게 하지는 않는다. 하긴, 모성이라는 것을 신화로 만든 것은 남자들이다. 그것은 어머니나 엄마의 지고지순한 헌신과 희생에 절대적인 가치를 부여함으로써 가부장의 정치학에 기여한다. 이 시집 속의 여자들이 맺고 있는 저 끈끈한 관계는 그런 종류의 일방적인 애정과 헌신과는 맥락이 전혀 다르다. 여자들은 여자들을 느끼고, 또 그 느낌은 한 여자의 내부에서 한 여자의 내부로, 오래 전승될 뿐이다.

5

그네들, 그러니까 저 사춘기 아이들과 귀신들과 여자들은 또 악몽의 안이거나 바깥에 있다. 아이들의 악몽이 여자를 괴롭히고(「우는 아이」), 어떤 귀신은 인간의 악몽 속에 자꾸 불려 다닌다(「귀신 이야기」 4). 그리고 여자는 죽었거나 죽어가는 자신을 제 꿈 안에서 한량없이 만난다.

여긴 전에 와본 적이 있다. 나의 浮上을 두려워하는 자의 숨소리를 듣는다. 여긴 햇빛이 따갑군요.

그리고 당신의 머리는 *浮沈*을 반복하는군요. 당신의 음성이 곧 당신을 놀래킬 것입니다.

당신은 이미 딴 사람 같습니다. 당신의 목젖에 걸린 피라미가 반짝, 몸을 뒤채는군요.

나는 거대한 여자다. 인간적인 차원의 부피가 아니다. 나는 거의 물이다. 내게 기댄다면 나는 잠시 튜브다.

당신의 벌어진 입으로 따뜻한 물이 흘러드는군요. 은빛 호수 가운데 나는 떠오른 여자다. 그러므로 여긴 전에 와본 적이 있다.
—「당신의 악몽」1

존칭 어미로 된 문장은 물 위 여자의 말이며, 그렇지 않은 문장은 물 아래에서 떠오르고 있는 여자의 것이다. 물의 위와 아래는 의식과 무의식 같기도 하고, 현재와 미래 같기도 하고, 그냥 삶과 죽음 같기도 하다. 어느 쪽이든, 두 여자는 한 여자이다. 두 여자는 한 여자의 다른 부면이며, 한 여자 안의 두 여자는 서로를 비춘다. 한 여자의 두 모습은 「당신의 악몽」2 같은 시에서도 유사하게 변주된다.

악몽 속에서, 그네들의 타자로 등장하는 것은 때로 남자들이다. 남자들도 아이 같아서 칭얼대고 악몽에 시달리지만, 그네들의 괴로움은 여자들의 그것과는 다르다.

귀를 좀 빌려야겠어. 이 쥐색 벽지를 믿을 수가 없어. 계속해서 무언가를 빨아들이고 있다니까. 사방 연속무늬는 놈이 사용

하는 일종의 화장술이야. 틈이 생겨서는 안 돼. 이때의 틈은 결
정직이라구. 입으로 내 귀를 틀어막고 그는 이상한 유절들을 이
어나갔다. ―「귀를 의심하다」 부분

 그를 화나게 해서는 안 된다. 사소해 보이는 말에도 그는 지
나치게 집착해서 뼈를 본다. 말은 지붕이지. 지붕의
 홈통으로 흘러드는 비가 그대의 스위트홈을 적신 적이 있는지.
 ―「거짓말을 위해서」 부분

 문을 닫았다고 그는 믿지만 문의 反動은 그의 행위에서 비롯
하니, 이것이 내가 받은 교훈의 전부다

 [……]

 문은 안에서 잠근다. ―「문은 안에서 잠근다」 부분

 그녀의 여자들이 대개 분열증적이라면, 위에 옮겨 적은
시들에서 그녀의 남자들은 편집증적이다. 분열증이 자꾸
흩어지려고 한다면, 편집증은 한없이 집중한다. 흩어지는
것은 의미를 분산시키고, 집중하는 것은 수많은 의미를 하
나의 의미로 집요하게 환원시킨다. 흩어지는 자에게 삶은
무의미하고, 집중하는 자에게 삶은 의미의 과포화 상태가
된다. 어느 쪽이든 괴롭기는 마찬가지지만, 분열증의 괴로
움이 결국 자기 파괴적이라면, 편집증의 괴로움은 가학적
이다.
 그러니까, 어떤 시편들에서 그녀의 여자들과 남자들은

통화 불능이다. 페미니즘 같은 이데올로기와는 무관한 지점에서, 그들은 불화한다. 어쩔 수없이 여자들은 남자들을 끊임없이 밀어낸다. 문은 남자들이 닫고 나가지만, 정작 그 문을 잠그는 것은 여자들이다. 여성적 수동성은 가장 깊은 곳에서 능동적이다.

이 편집증과 분열증은 끝내 남자와 여자의 성적 대비를 넘어서서, 우리들의 내면에 잠재되어 있는 무엇인가를 자꾸 들추어낸다. 그것은 안과 바깥, 나와 나 아닌 것, 내 저편이면서 동시에 내 안에 있는 것들을 호출한다.

6

그러므로, 라고 말하면 이상하지만, 이 책은 당신의 편집증을 피해 가고 싶어한다. 모든 언어가 하나의 완고한 의미로 환원될 수 있다고 믿는 사람은, 이미 중심을 붙들고 놓지 않으려는 자이다.

가령, 이 시집의 맨 앞에 실린 「조각공원」이나 맨 뒤에 실린 「폭풍 속으로」 같은 시에서 일목요연한 정황이나 의미를 찾으려고 애쓰는 것은 부질없다. 이것은 그것만으로 고요하거나 격렬한 풍경을 이루고 있을 뿐이다. 가령 조각공원에는, '무제 II'라는 제목의 조각상이 있고, 그 곁에 여자가 앉아 손으로 잔디를 쓸고 있다. 끄덕끄덕 시간이 흘러가는 이 풍경은 어쩐지 하염없다. 당신이 언젠가 길을 걷다가 이런 하염없는 풍경을 문득 떠올린다면, 당신은 한 편의 시에 도달한 것이다.

이 시집은 고요한 풍경에서 시작하여 격렬한 풍경으로

끝난다. 그 시작과 끝의 어딘가에서 당신은, 어느덧 한 여자가 처한 정황과, 그 정황의 느낌들이 천천히 떠오르는 풍경을 만날 것이다. 편편마다 서로 다른 양상으로 나타날 그것들은, 아주 느린 속도로 당신을 사로잡을 것이다. 이 시집은 끝내 '슬로우 모션'이며, 내내 그 '무엇에 대한 直前(「폭풍 속으로」)에 있다. 온전히 닿을 수는 없지만, 이제 막 닿을 듯한 무엇 말이다. 아이들과 여자들과 귀신들이, 그 팽팽한 긴장 속에 숨죽이고 있다.